**경제
119**

경제 119

초판 1쇄 발행 2011년 12월 21일
초판 2쇄 발행 2012년 2월 20일

지은이 · 유종일
발행인 · 표완수
편집인 · 문정우

펴낸곳 · ㈜참언론 시사IN북
출판신고 · 2009년 4월 15일 제 300-2009-40호
주소 · 110-090 서울시 종로구 교북동 11-1 부귀빌딩 6층
주문전화 · 02-3700-3256, 02-3700-3250(마케팅팀), 02-3700-3255(편집부)
주문팩스 · 02-3700-3209
전자우편 · book@sisain.kr
블로그 · book.sisain.co.kr

· 시사IN북은 시사주간지 〈시사IN〉에서 만든 출판 브랜드입니다.
· 이 책은 저작권법에 따라 보호받는 저작물이므로 무단 전재와 무단 복제를 금지하며,
  이 책 내용의 전부 또는 일부를 이용하려면
  반드시 저작권자와 시사IN북의 서면동의를 받아야 합니다.
· 잘못된 책은 바꾸어 드립니다.
· 책값은 뒤표지에 있습니다.

ISBN 978-89-94973-06-7 03300

한국 경제를 살리기 위한
유종일 교수의 정책 대안

경제 119

유종일 지음

추천의 글

요즘 나는 〈나는꼽사리다〉라는 〈나는 꼼수다〉의 경제 버전을 녹음해 방송하고 있다. 경제라는 말만 들어도 골이 지끈거려 피하곤 했었는데 이 책을 읽다 보니 호기심이 생겼다. 오호, 요거 봐라. 우리가 경제를 어렵다고 멀리하는 사이 누리고 있는 1%만 좋아지고 99%인 우리들은 매일 그 자리가 그 자리네…… 결심했어! 이 책을 통해 더욱더 깊이 경제 꼼수들을 알아차리기로!! **- 김미화(방송인)**

노동자도 주인 노릇 하는 세상을 한 걸음 앞당기기 위한 유종일 교수의 정책 대안, 우리 한 번 귀 기울여볼까요? **- 김영훈(민주노총 위원장)**

함께 잘사는 대한민국 건설을 위해서 사회경제 체제를 혁신해야 한다. 유종일 교수의 경제민주화 대안은 그 가이드라인이 될 것이다. **- 손학규(민주당 대표)**

"문제는 경제야, 이 바보야!"라고 말한 미국 정치인이 있었다.
유종일 교수는 우리 정치에게 말한다. "경제는 민주화야, 이 바보야!"
그리고 젊은이에게 말한다. "알고 행동해야 돼, 이 사람들아."
- 신경민(이화여대 언론정보학과 겸임교수)

뛰어난 경제학자 유종일이 상아탑의 고담준론에 머물기를 거부하고 대한민국의 아픈 현실과 씨름하며 내놓은 경제개혁의 청사진이다.
- 장하성(고려대 경영대 교수)

대한민국에는 119가 두 개 있다. 불나면 달려오는 119와 헌법 제119조. 용산, 쌍용, 한진중공업, 한미 FTA…… 민생경제의 불을 끄기 위해서는 유종일 교수가 제시하는 경제민주화가 필요하다. **- 정동영(민주당 국회의원)**

오늘날 한국 사회에서 젊은 세대들이 대면하는 사회경제적 현실을 유종일 교수의 〈경제 119〉만큼 간결하게 압축적으로 해명하면서도, 또 그 처방까지 설득력 있게 제시한 책을 일찍이 본 적이 없다. 이 책은 높은 학문적 연마, 예리한 통찰력 그리고 사회에 대한 강한 애정을 갖지 않고서는 쓸 수 없는 작품으로, 한국 경제체제와 경제정책을 중심으로 하되, 정치, 헌법, 사회문제를 포괄하는 한국 사회 전반에 관한 높은 수준의 지적 성찰이다. 그리고 이 책의 가장 큰 장점은, 그것이 깊이 있는 학문적 내용을 담고 있으면서도 누구나 쉽게 이해할 수 있도록 평이하게 쒸어졌다는 것이다. 젊은 세대가 한국 정치 변화의 진앙지가 되고 있는 지금 이 책의 출간을 진정으로 환영한다. **- 최장집(고려대 명예교수)**

박정희 경제신화의 가면을 벗긴 유종일 교수가 이제 대안을 내놓았다. 나 같은 경제 문외한도 쉽게 읽을 수 있어서 좋다. **- 함세웅(청구성당 주임신부)**

들어가는 말

우리는 해낼 수 있다

김대중 정부가 탄생했을 때 나는 기뻐서 어쩔 줄 몰랐다. 김대중 대통령이 상상을 초월하는 간난신고 가운데서 꺾이지 않고 민주주의를 위해 버텨주신 것에, 그리고 마침내 승리하신 것에 마음 깊이 감사드렸다. 그가 외환위기 극복에 앞장서고 남북정상회담을 하는 걸 보면서 나는 뿌듯했다.

하지만 나는 김대중 정부를 보면서 크게 실망하기도 했다. IMF와 미국의 압력이 있기는 했지만 노동시장 유연성, 공기업 사유화, 은행 해외 매각 등을 금과옥조로 받아들이는 데 아연실색했다. 특히 롯데호텔 비정규직 아줌마 노동자들의 파업농성을 경찰력으로 강제진압했을 때 나는 괴로웠다.

나는 생각했다. 그래, 김대중 정부는 여기까지다. 다음에 좀 더 잘하면 되지. 그래서 노무현 후보를 도왔다. 미친 듯 열심히 했다. 그는 대통령 선거 바로 다음날 내게 "정치는 내가 할 테니, 정책은 유교수가 하시오"라고 말했다. 나는 가슴이 뛰었고, 어깨가 무거웠다. 강력한 재벌개혁, 부동산 투기 종결, 교육 및 연구개발 체제 혁신, 산별노조 체제, 비정규직 사유 제한, 동북아경제공동체…… 이런 걸 생각하며 비장한 마음이었다.

그런데 어찌 된 일인가? 아직 다 말할 수는 없지만 내가 노무현 정부에서 철저히 배제당한 것은 모두가 아는 사실이고, 개혁과 분배정의를 기대하고 뽑은 정권의 첫 경제정책이 법인세 인하였고 첫 국정 목표로 내세운 것이 일인당 국민소득 2만 달러였다는 것도 역사적 사실이다. 내가 한미 FTA를 반대하고 나서자 학교에서 교수 대외활동 규제안을 교수회의에 상정했던 것도 명백한 사실이다. 나는 분노했다.

이명박 정부의 국정농단과 민생경제 파탄은 더 언급할 필요도 없다. 끔찍하고 잔인한 세월이다. 단, 나는 이명박 정부 비판에 못지않게 중요한 것이 과거 민주개혁 정부들의 실패에 관한 철저한 분석과 반성이라고 생각한다. 이명박 정부는 민주개혁 정부에 실망한 국민이 뽑은 정부다. 어쩌다가 양민학살, 차떼기, 성희롱, 날치기로도 모자라 급기야는 디도스 공격까지 감행하는 한나라당에 정권을 내주었는가? 오죽하면 국민이 그들을 택했단 말인가? 나는 분노했다.

분노하라! 좌절보다 백 배 에너지가 넘친다. 그러나 분노는 끝이 아니다. 참여하고 창조해야 한다. 대안과 전략이 있어야 한다. 그래서 생각한 것이 경제민주화다. 그렇다, 경제도 민주주의다. 모든 인간은 존엄한 인격체이며 누구나 자신만의 가능성을 추구할 여건과 기회를 제공받아야 한다. 그렇다, 경제도 민주주의다. 재벌독식은 안 된다. 1%를 위해 99%를 희생하는 경제는 안 된다. 그렇다, 경제도 민주주의다. 자유만 중요한 게 아니라 평등도 중요하다.

민주개혁 정부는 정치민주화에서 많은 공을 세웠지만 경제민주화에는 철저하게 실패했다. 수구 우파 세력은 민주개혁 정부가 분배에 치우쳐 성장을 게을리 했다고 엉뚱한 주장을 했다. 진실은 그 반대다. 성장만 놓고 보면 제법 잘했지만 갈수록 양극화가 심화되어 민생이 피폐해진 것이다. 나는 정부 여당을 탓하고 국민을 탓하는 야권 정치인들에게 자신의 잘못을 성찰할 것을 주문했다. 글과 말을 통해서 끈질기게 경제민주화를 외쳤다.

2011년 7월 뜻하지 않게 민주당에서 제안이 왔다. '헌법 제119조 경제민주화특별위원회'를 설치하기로 했으니 위원장을 맡아 달라는 것이었다. 나는 흔쾌하게 이 책임을 맡았고 11월 17일 기자간담회를 통해서 핵심정책을 발표할 때까지 혼신의 힘을 다했다. "이명박 정부가 민생경제에 불을 지르고 있으니, 119가 달려가야 한다." 나는 이런 마음으로 '119특위'에 정열을 바쳤다. 손학규 대표, 정동영 최고위원, 박영선 정책위의장 등 당 지도부의 성원이 있었고, 무엇보다 위원회에 참여해주신 전문가들의 헌신적인 노력이 있었기에 가능한 일이었다.

그런데 언론이 '119특위'의 정책 발표에 큰 관심을 보이지 않았다. 감히 말하건대 우리의 정책제안은 우리나라 정당사에 기록될 일이라고 생각한다. 민주당의 진보화라는 면에서 참으로 혁신적인 내용이기 때문이다. 그런데 이 정책제안이 한미 FTA 날치기 파동 속에 완전히 묻혀버렸다. 나는 속이 상했다. 그러나 어쩌겠는가? 이것이 우리나라 정치와 언론의 현실인 것을. 나는 직접 국민에게 다가가기로 했다. 그래서 이 책이 나오게 되었다. 불과 2주일 만에 책을 썼다. 박정희 유신독재에 맞서서 정치민주화를 외치고 감옥에 가던 학창시절을 회상하면서, 경제민주화를 주장하는 책을 전투적으로 썼다. 마지막 며칠은 극한 피로 상태에서 밀려오는 잠과 싸우며 집필을 마쳤다. 그러니 부족한 점은 너그러이 이해해주셨으면 한다. 그리고 보다 체계적인 접근과 더욱 탄탄한 이론적 토대를 원하시는 독자들께는 조만간 발간될 졸저 〈유종일의 진보 경제학〉을 감히 권한다.

대한민국은 민주공화국이다. 대한민국의 주권은 국민에게 있고, 모든 권력은 국민으로부터 나온다. 여러분도 잘 아는 헌법 제1조의 내용이다. 우리가 나서서 바꾸자. 국민이 나서지 않으면 어느 누구도 대신해주지 않는다. 쇠고기 수입 조건을 바꾼 것도, 김진숙을 크레인에서 내려오게 한 것도 우리들이었다. 한미 FTA도 우리가 막아야 한다. 그리고 이제 경제민주화의 길에 나서야 한다. 지금 전 세계가 경제민주화를 외치고 있다. 월가에서 시작된 '점령하라' 시위가 바로 그것이다. 한국이 경제민주화의 선봉이 되어 동방의 빛이 되었으면 좋겠다. 나는 그런 희망을 '희망버스'에서 보았다. 모든 억울하고 곤고한 자들의 연대, 모든 선량한 시민들의 연대…… 우리는 해낼 수 있다.

마지막으로 이 책에 담긴 정책제안은 나 개인만의 생각이 아니라 '119특위' 위원들의 집단적 지혜와 고민의 산물이라는 것을 밝히면서 이분들의 노고에 경의와 감사를 표한다. 경제민주화 대안을 성탄선물로 국민에게 드려야겠다는 내 고집 때문에 초고속 출판을 해내느라 고생하신 시사IN북 관계자들께도 깊은 감사를 드린다. 자료를 모으고 정리하느라 수고한 권혜연 조교에게도 고마움을 전한다.

2011년 12월 8일
유종일

차례

추천의 글 004

들어가는 말 우리는 해낼 수 있다 007

1장 2011 대한민국, 우울한 자화상
삼포세대의 비극과 나라의 미래 017

요람에서 무덤까지 이어지는 고난 021

2장 MB노믹스의 파탄과 경제 현실
재벌독식과 낙수효과의 실종 029

막가파식 경기부양의 후유증 039

ATM 코리아에서 한미 FTA까지 042

3장 경제민주화의 해법
경제도 민주주의냐? 047

경제민주화의 세 가지 축: 공정경쟁, 참여경제, 분배정의 050

경제민주화의 역사와 헌법 제119조 059

경제민주화와 좋은 성장 062

4장 경제민주화의 12대 핵심정책

  기회균등선발제도 **071**

  재벌 범죄 근절 **074**

  재벌기업의 계열사 출자 규제 및 지주회사 규제 강화 **078**

  재벌기업의 일감 몰아주기 근절 **083**

  중소기업 보호 **086**

  비정규직 문제의 해결 **089**

  정리해고제도의 개혁 **092**

  노동조합 조직률과 단체협약 적용률 높이기 **095**

  금산분리의 강화 **099**

  금융감독 개혁 **102**

  종업원 대표의 이사 추천권 도입 **105**

  법인세와 소득세 최고세율 구간 신설로 부자 증세 **108**

5장 정치 변화, 어떻게 이룰 것인가?

  좌절에서 분노로, 분노에서 참여로 **115**

  그리고 마침내 창조로! **117**

  경제민주화 동맹 **119**

1장

2011 대한민국, 우울한 자화상

삼포세대의 비극과 나라의 미래

한 나라의 미래를 알아보려면 그 나라 젊은이들의 기백을 보라고 했다. 그런데 요즈음 대한민국의 청년들은 스스로를 연애-결혼-출산을 포기한 '삼포세대'라고 부르며 자조한다. 청년이 희망을 잃어버린 나라, 그것이 대한민국의 현실이다. 소득 대비 대학 등록금이 세계에서 제일 비싸고, 대학을 나와봤자 괜찮은 직장 잡기가 하늘의 별 따기이다. '이태백(이십대 태반이 백수)'이라는 말이 결코 과장이 아님은 통계에서도 확인된다.◆ 기껏 취직을

◆ "2009년 현재 15~29세 청년층 980만 명 중에서 배제된 청년층이 약 160만 명(실업자 32만 명, 교육훈련을 받지 않고 있는 비경제활동 청년층 130만 명)에 달하고, 청년 취업자 400만 명 중에서 비정규직, 임시일용직, 영세자영업, 무급근로 등 불안정한 일자리에 있는 계층이 거의 230만 명에 달한다고 보면, 거의 400만 명, 즉 청년층 10명 중 4명 이상이 고용 위험과 고용 불안에 노출되어 있는 것으로 볼 수 있다"(전병유, "청년 고용·실업 문제와 정책 개선 방안," 서울 사회경제연구소 제18차 심포지엄 발표문, 2011).

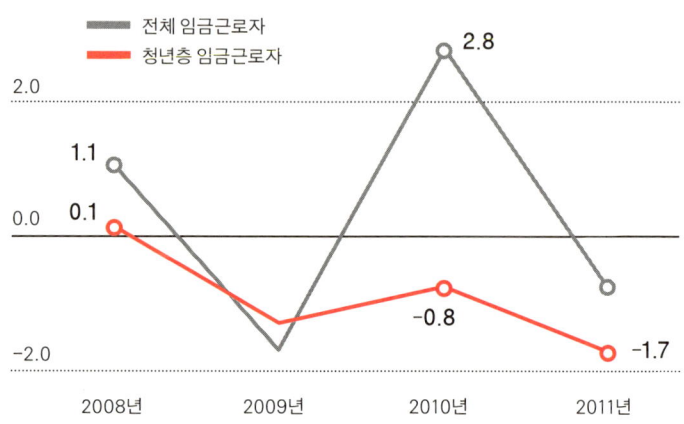

〈도표 1〉 연도별 실질임금 증감률

자료: 고용노동부 노동통계, 통계청

해도 저임금 직종이 주를 이루고 있으며, 청년들의 실질임금은 MB 정권이 들어선 2008년 이후 3년 연속 줄어들고 있다〈도표 1, 2〉. 이들을 향해 "아프니까 청춘이다"라고 말하는 것은 위로는 될지언정 해법은 못 된다. 해법은 정책에 있고, 정책을 바꾸려면 정치를 바꿔야 한다.

삼포의 결과가 통계로 나타난 것이 바로 세계 최하의 출산율과 세계 최고속의 고령화다. 2002년 이래 합계출산율은 대체로 1.1~1.2 사이를 오가고 있다. 저출산의 결과 1970년에 100만 명이던 신생아 수가 2010년에는 47만 명으로 줄어들었고, 65세 이상 노인 인구의 비중은 1970년 3.1%에서 2010년에 11%까지 증

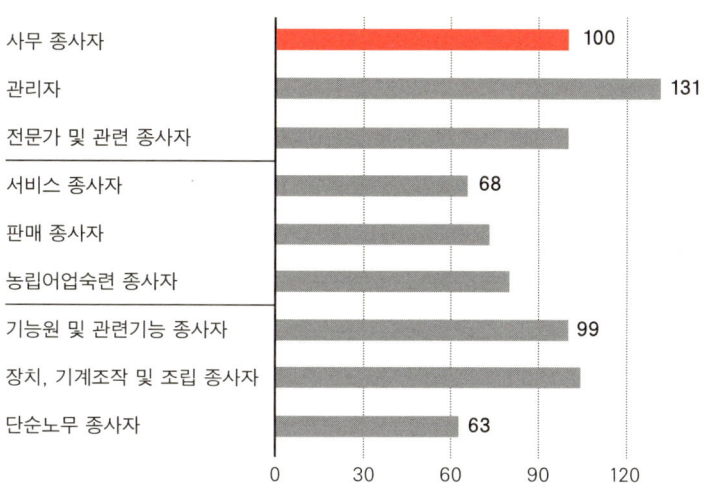

〈도표 2〉 2011년 청년층 임금근로자의 직종별 임금지수

*사무 종사자의 임금을 100으로 봤을 때 다른 직종 종사자의 상대적 임금 수준임

자료: 현대경제연구원

가했다. 이러한 추세가 지속되면 2016년부터는 생산 가능 인구가 감소하기 시작하고, 2019년부터는 전체 인구도 감소하기 시작할 것이다. 2050년에는 노년 인구의 비중이 무려 38%에 이르게 된다. 이렇게 급격한 인구학적 변화는 감당하기 어려운 경제적 충격이다.

과거 세계 최고의 경쟁력을 자랑하던 일본 경제가 활력을 잃어버린 가장 중요한 원인이 바로 급격한 고령화다. 우리나라는 일본보다 훨씬 빠르게 고령화가 진행되고 있다. 전체 인구의 감소는 2050년 이후에 가속도가 붙으면서 금세기 말에 이르면 불과

350만 명으로 줄어들 것이다. 이거 오타가 아니다. 350만 명이 맞다. 이쯤 되면 자크 아탈리가 한국의 저출산은 '집단적 자살'이라고 한 것도 지나친 표현은 아닌 셈이다.◆

◆ 필자가 MBC 라디오 〈손에 잡히는 경제〉를 진행할 당시 세계적인 미래학자인 자크 아탈리를 인터뷰한 적이 있다. 이 자리에서 아탈리가 한 말이다.

요람에서 무덤까지 이어지는 고난

"요람에서 무덤까지." 복지국가의 청사진을 제시한 유명한 〈베버리지 보고서 Beveridge Report〉에서 유래한 이 구호는 복지국가의 이상을 압축적으로 표현하고 있어서 우리에게도 귀에 익은 말이다. 태어날 때부터 죽을 때까지 모든 인간이 인간다운 생활을 할 수 있도록 사회가 책임지자는 것이다. 그런데 한국의 현실을 보면 "요람에서 무덤까지" 고난의 연속이다. 이 고난의 가장 상징적인 징표가 경제협력개발기구 OECD 국가 중 압도적 1위를 차지하는 자살률이다〈도표 3〉.

우선 혹독한 경쟁교육 때문에 어린이와 청소년들의 삶이 우울하다. 최근 어느 고3 학생의 모친 살해 사건이 세간을 놀라게 한바 있다. 성적 압박이 매우 심했다고 한다. 성적 스트레스로 자살하는 학생도 부지기수다. 우리나라 어린이와 청소년들의 불행은

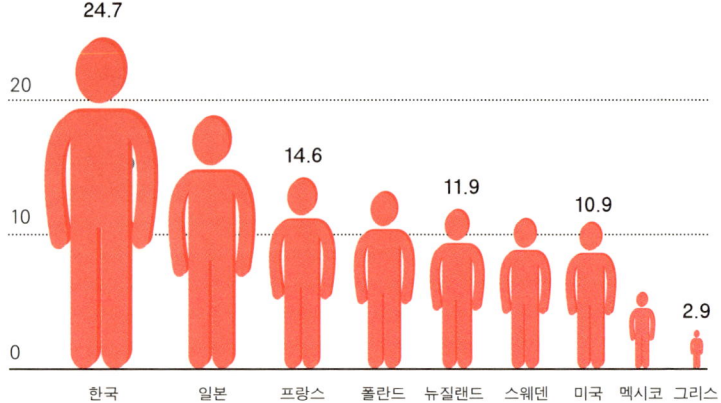

〈도표 3〉 경제협력개발기구(OECD) 국가들의 자살률

10만 명당 자살 건수, 2009년 기준

자료: 경제협력개발기구(OECD)

통계로도 확인된다. 23개 국가 어린이와 청소년의 행복지수를 비교분석한 연구에 따르면 한국이 압도적인 꼴찌를 차지하고 있다〈도표 4〉.

청년들의 수난은 이미 살펴봤고, 중장년기는 그야말로 악전고투의 시기다. OECD 국가 중 단연 1위에 빛나는 노동시간에 파김치가 되어 집에 돌아오면 아이들 교육비 걱정과◆ 집값 걱정이 끊

◆ 2010년 OECD 통계에 따르면 한국의 국내총생산GDP 대비 공교육비 비율은 7.0%로 아이슬란드·미국·덴마크에 이어 4위다. OECD 국가 평균(5.7%)에 비해 공교육에 쏟아 붓는 돈이 많다는 뜻이다. 하지만 부담 주체별로 보면 문제가 드러난다. 한국의 공교육비 민간부담률은 2009년에 이어 2010년에도 OECD 국가 가운데 가장 높았다. 한국 공교육비는 정부부담률이 4.2%, 민간부담률이 2.8%로 구성돼 있다.

〈도표 4〉 23개국 어린이·청소년 주관적 행복지수 순위

단위: 점수, 평균은 100점

순위	국가	행복지수
1	스페인	113.6
2	그리스	112.5
3	네덜란드	110.3
4	오스트리아	108.2
5	스위스	106.95
6	스웨덴	106.8
7	이탈리아	106.1
8	아일랜드	105.95
9	핀란드	104.73
10	미국	102.58
⋮	⋮	⋮
23	한국	65.98

자료: '2011 한국 어린이·청소년 행복지수 국제비교', 한국방정환재단과 연세대 사회발전연구소

OECD 국가 평균은 정부부담률이 4.8%, 민간부담률이 0.9%다. 정부부담률은 전체 평균보다 낮지만 민간부담률은 평균의 3배가 넘었다. OECD 교육지표에는 사교육비를 조사하는 항목이 없다. 과외·학원비 등 사교육비를 포함하면 한국의 교육비 민간 부담률은 훨씬 더 클 수밖에 없다. 민간의 부담은 대학에서도 다른 국가에 비해 컸다. 고등교육 단계(전문대·대학 이상)에서 정부가 지출하는 교육비 중 학생에 대한 지원은 OECD 국가 가운데서 열악한 편이었다. 고등교육 단계에서 장학금 및 가계지원금은 4.4%로 OECD 국가 평균인 11.4%의 절반이 되지 못했고 학자금 대출도 5.7%로 평균인 8.8%에 미치지 못했다. 민간의 교육비 부담이 거의 없는 곳은 핀란드(0.1%), 스웨덴(0.2%) 등 북유럽 국가였고 프랑스(0.4%), 오스트리아(0.2%), 벨기에(0.2%) 등 유럽 국가들이 민간의 교육비 부담이 작았다.

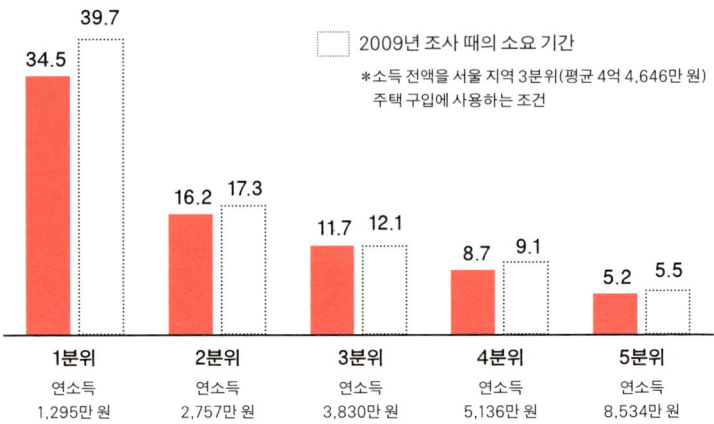

〈도표 5〉 소득분위별 서울 지역 주택 장만 기간

이지 않는다〈도표 5〉. 게다가 고용불안까지 점차 커지면서 스트레스는 극에 달한다. 심지어는 과로사에 이르는 경우도 많다. 어쨌든 우리나라 40대 남자의 사망률은 세계 1위라고 한다.

한편 대한민국 노인들의 고난은 너무 끔찍하다. 노인빈곤율이 45%로 단연 OECD 국가 중 1위이고, 노인자살률은 OECD 국가 평균의 무려 5배가 넘는다〈도표 6, 7〉. 경제개발과 자식 교육에 한평생을 바친 노인들에게 대한민국은 고려장에 버금가는 대우를 해드리고 있는 것이다. 오죽하면 용돈 몇 푼 받자고 우익 조직들을 만들어 젊은이들과 맞서 싸우겠는가?

필자의 젊은 시절 박정희 대통령은 일인당 국민소득 1천 달러

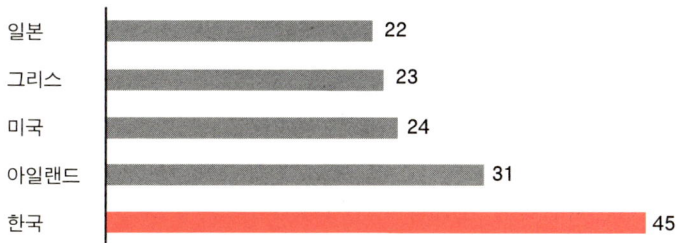

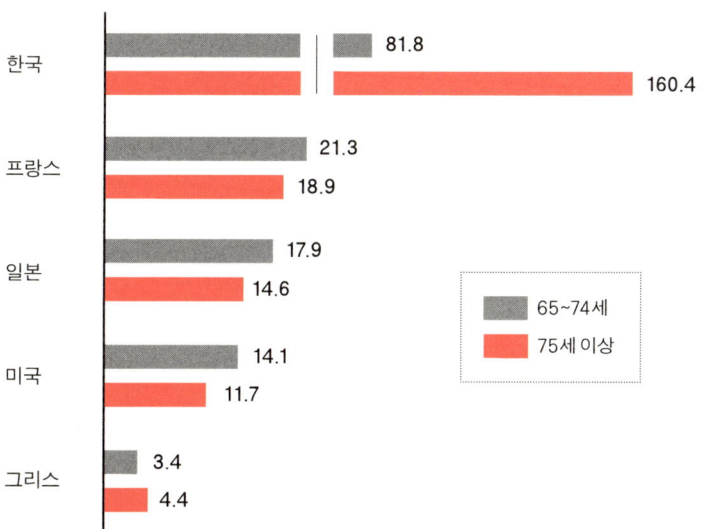

를 경제성장의 목표로 제시했다. 김영삼 대통령은 1만 달러를 내세웠고, 노무현 대통령은 2만 달러를 내세웠다. 이명박 대통령은 그 유명한 747 공약을 통해 4만 달러를 약속했다. 이명박 대통령의 747 공약은 허황된 것임이 드러나고 말았지만 앞서의 목표들은 모두 목표 기간 내에 달성되었다. 이러한 고도성장을 통해 한국은 세계 최빈국의 대열에서 부자클럽이라는 OECD 회원국까지 되었다. 그런데 과연 삶의 질은 나아졌는가? 과연 우리들은 더 행복해졌는가? 우리는 도대체 무엇을 위해 그토록 경제성장에 목을 맸단 말인가? 아무리 국민소득이 올라가도 대다수 국민의 삶이 더욱 팍팍해진다면, 이건 나쁜 성장 아닌가? 도대체 뭐가 잘못된 것인지 다음 장에서 살펴보자.

2장

MB노믹스의 파탄과 경제 현실

재벌독식과 낙수효과의 실종

　최근 눈길을 끄는 뉴스 중에 재벌가 딸들의 빵 전쟁 얘기가 있다. 삼성·현대·신세계·롯데가의 딸들이 베이커리 사업에 나서서 치열한 각축전을 벌이고 있다는 얘기다. 그런데 재벌 딸들은 그들이 가진 특수한 지위를 이용해서 손쉽게 사업권과 판매망을 확보하고 돈을 벌지만, 중소업체나 동네 빵집은 고래 싸움에 새우 등 터지는 격으로 위기에 내몰리고 있다. 재벌가 딸들은 백화점과 공항 면세점의 명품 시장이나 의류 시장 등에서도 유사한 경쟁에 나서고 있다. 하나같이 혁신과 도전의 기업가 정신과는 무관하게 모기업의 안정적인 유통망을 이용해 해외 명품 브랜드나 들여와서 손쉽게 돈을 벌어보겠다는 것이다.
　이건희 회장의 차녀인 이서현 부사장의 제일기획과 정몽구 회장의 장녀인 정성이 고문의 이노션 간에 벌어지는 광고업계 경쟁도 그룹 계열사들의 '일감 몰아주기'에 기반을 둔 특권층들의 사업, 즉 특권 비즈니스다. 일감 몰아주기를 비롯해서 특권 비즈니스는 공정한 경쟁을 파괴하는 반시장적인 행위다. 재벌의 이러한 독식 행태로 말미암아 중소기업이 설 자리가 점점 없어진다.◆

재벌가 딸들의 전쟁, 이게 좀 선정적이어서 주목을 많이 끌었다. 하지만 일감 몰아주기 등 특권 비즈니스는 딸들만 하는 게 아니다. 진짜 큰 것들은 아들들이 했다. 글로비스의 정의선이 대표 선수고, 삼성SDS의 이재용도 빠지지 않는다. 일감 몰아주기는 세금 없는 상속의 새로운 수법으로 성행하는 중이다. 혁신과 도전의 기업가 정신은 찾아보기 어렵고 이런 꼼수에 앞장서고 있는 재벌들을 보면 미래가 걱정된다. 아니, 재벌들의 특권 비즈니스는 이미 대한민국 경제를 병들게 하고 있다. MB 정부의 친재벌 정책이 재벌경제의 폐해를 극대화시켰기 때문이다.

MB 정부는 부자 감세와 규제 완화를 양 날개로 하는 친기업 정책을 추진했다. 기업인들 기를 살려준다고 공항 귀빈실도 이용할 수 있게 해주었다. 부자에게 잘해주고 기업에게 잘해주면 이들이 많은 부를 창출하고 고용도 늘려서 747 공약도 달성하고 모두에

◆ 빵 전쟁 예를 한 가지만 들어보자. 2011년 5월 25일 〈MBC 뉴스〉에서 전한 얘기다. 영등포 롯데백화점 지하에는 한 달 평균 매출액이 10억 원에 육박하는 한 빵집이 있었다. 한 중소업체가 15년 동안 위탁운영을 해왔는데 최근 영업권이 '블리스'라는 회사로 넘어갔다. '블리스'는 롯데쇼핑 신영자 사장의 딸, 장선윤 씨가 100% 지분을 갖고 있는 회사다.

게 혜택이 돌아간다는 주장이었다. 이른바 '낙수효과'를 노린 것이다. 그런데 이 친기업 정책이라는 것이 사실은 친재벌 정책이었다.◆◆ 낙수효과는 나타나지 않고 양극화만 심화되어 국민 불만이 고조되자 MB 정부가 뒤늦게 동반성장이니, 공생발전이니 하면서 상생을 내세웠지만 이는 구두선에 불과하다. 동반성장위원회라는 민간기구를 통해서 동반성장 정책을 만들고 이를 '권유'하는 식의 정책은 실효성이 없기 때문이다. 정부의 눈치를 보는 재벌들이 일시적으로 시늉은 하겠지만 틈만 나면 언제 그랬냐는 듯이 바뀔 것이 뻔하다. 멀쩡한 법도 제대로 안 지키는 게 우리나라 재벌 아닌가?

재벌독식 경제는 양극화의 주범이다. 재벌의 경제력 집중이 극에 달했다. 외환위기 이후 구조조정으로 재벌의 경제력 집중이 상당히 완화되었으나 최근에 다시 심화되어 이제는 외환위기 이전 최고 수준을 넘어섰다. 상위 재벌들의 자산, 매출, 투자 비중 등이 사상 최고 수준에 달했고, 계열사 수가 급증하고 있다〈도표 8, 9, 10〉.

◆◆ MB정부는 ①출자총액제한제도 폐지, ②지주회사관련 규제 폐지(부채비율 200% 제한 및 비계열회사 주식 5% 이상 보유금지 폐지), ③상호출자 및 재무보증제한 기업집단지정기준의 상향조정, ④불공정거래 행위에 대한 직권조사 및 현장조사 통제, ⑤동의명령제 도입, ⑥금산분리 완화 등 재벌 관련 규제 완화를 적극적으로 추진한 반면, 납품단가연동제나 징벌적 손해배상제도 등 대선공약으로 내놓았던 중소기업 보호 및 지원정책은 폐지하거나 시늉에 그치고 말았다.

〈도표 8〉 10대 재벌의 GDP 대비 자산 비중

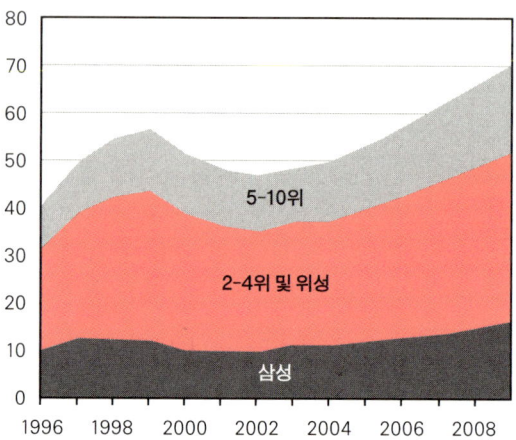

자료: '재벌개혁의 필요성과 정책수단', 김상조, 2011년 7월

〈도표 9〉 10대 재벌의 GDP 대비 매출액 비중

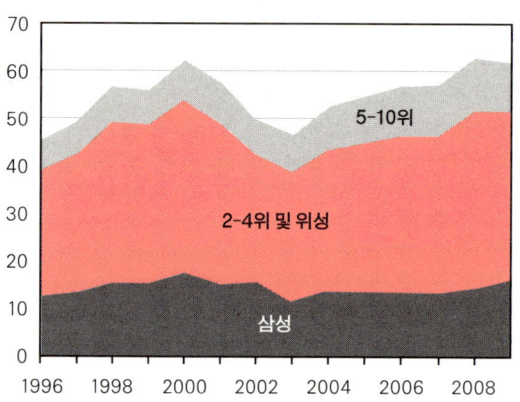

자료: '재벌개혁의 필요성과 정책수단', 김상조, 2011년 7월

*〈도표 8〉과 〈도표 9〉는 10대 재벌의 GDP 대비 자산 비중과 매출액 비중의 변화를 보여주고 있으며, 〈도표 10〉은 이명박 정부에서 15대 재벌의 계열사 수가 65% 가까이 급증한 것을 보여준다.

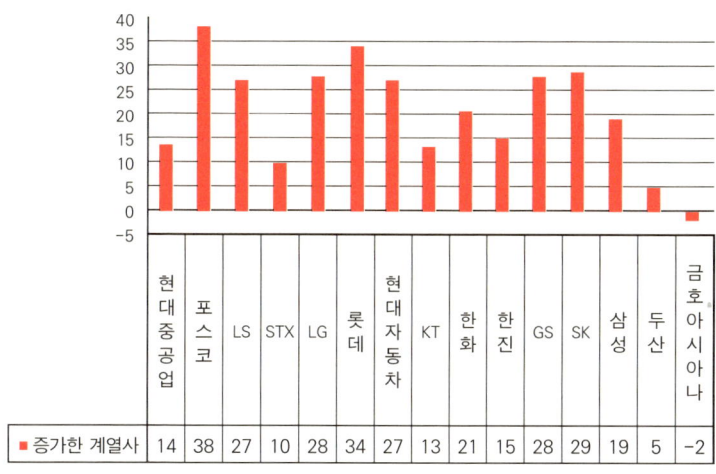

〈도표 10〉 15대 재벌 계열사 수의 증가: 2007. 4~2011. 4

자료: 경제정의실천시민연합, 2011년

그런데 재벌의 성장이 낙수효과를 일으키지 못하는 데에는 세 가지 중요한 이유가 있다. 첫째, 재벌기업들은 막대한 이익을 남기면서도 고용확대를 주저하고〈도표 11〉 오히려 사내하청을 통해 비정규직 남용을 주도하고 있다.◆ 둘째, 하도급 기업에 대해 납품단

◆ 고용구조가 열악하게 변화하는 한 가지 중요한 이유는 바로 사내하청이다. 대기업이 직접고용을 회피하고 사내하청을 활용하면서 대기업 고용은 줄고 영세기업 고용은 증가하는 현상이 벌어지는 것이다. 이런 경향은 재벌그룹 계열사들이 주도하고 있다. 대표적인 예로 현대모비스 울산공장의 원청(정규직) 노동자는 478명에 그친 반면 사내하청 노동자는 1,137명으로 전체 노동자 중 사내하청 비율이 70.4%나 됐다. 현대중공업그룹 계열사인 현대삼호중공업(58.2%), 삼성그룹의 삼성중공업(57%), 현대차그룹의 현대하이스코 순천공장(56%), 삼성그룹의 제일모직 여수공장(54.9%) 등도

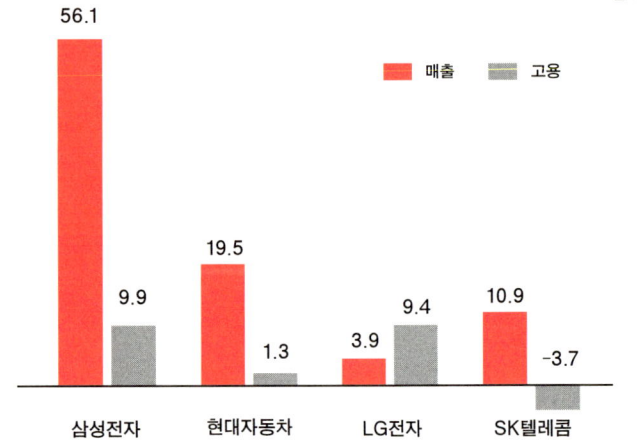

〈도표 11〉 4대 기업 매출 및 고용 증가율

자료: 각사 사업보고서(2007~2010년)
*2010년 매출액은 대우증권 추정치. 2010년 고용은 9월 말 기준

가 후려치기, 기술 빼앗기 등 불공정 거래를 일삼으며, 이익의 공유를 거부하고 있다.◆◆ 셋째, 중소기업 영역과 심지어는 골목상권까지도 마구 침투하는 재벌의 무한 영토확장 정책으로 중소기

사내하청의 비율이 극도로 높다. 재벌의 이러한 고용행태는 노동시장의 양극화를 초래하는 중요한 요인이 되고 있다.

◆◆ 원청 대기업과 하청 중소기업 사이에 수익성이 매우 큰 격차를 보이고 있다. 〈도표 12〉는 일례로 삼성전자와 현대기아차의 수익성을 각각의 하도급기업의 수익성과 비교해 보여준다. 2000년부터 2009년까지 10년간 삼성전자의 평균 수익률이 13.28%였는데 반해 하도급기업들의 평균 수익률은 그 반에 불과한 6.71%였다. 현대기아차의 경우에는 각각 5.44%와 3.51%로 역시 상당한 격차를 보였다. 여기서 하도급기업은 1차 하도급을 의미하는 것이어서 2차, 3차 하도급기업에 비해 상황이 훨씬 낫다는 점을 감안하면 문제의 심각성을 짐작할 수 있다.

〈도표 12〉 삼성전자와 현대기아차, 하도급기업의 매출액영업이익률 비교

단위: %

연도	삼성전자 (A)	삼성전자 하도급기업 (B)	격차 (A-B)	현대·기아차 (C)	현대·기아차 하도급기업 (D)	격차 (C-D)
2000	21.69	7.90	13.79	5.74	4.46	1.28
2001	7.09	6.06	1.03	7.51	4.19	3.32
2002	18.78	6.58	12.20	6.17	4.59	1.58
2003	16.50	7.37	9.13	8.06	4.04	4.02
2004	20.85	8.26	12.59	5.84	3.79	2.05
2005	14.03	7.18	6.85	3.36	3.04	0.32
2006	11.76	6.54	5.22	2.48	3.21	-0.73
2007	9.41	5.65	3.76	4.06	3.04	1.02
2008	5.67	5.89	-0.22	4.50	2.29	2.21
2009	7.07	5.66	1.41	6.72	2.48	4.24
2010	10.97	-	-	8.17	-	-
00-09 평균	13.28	6.71	6.58	5.44	3.51	1.93

자료: '재벌개혁의 필요성과 정책수단', 김상조, 2011년 7월

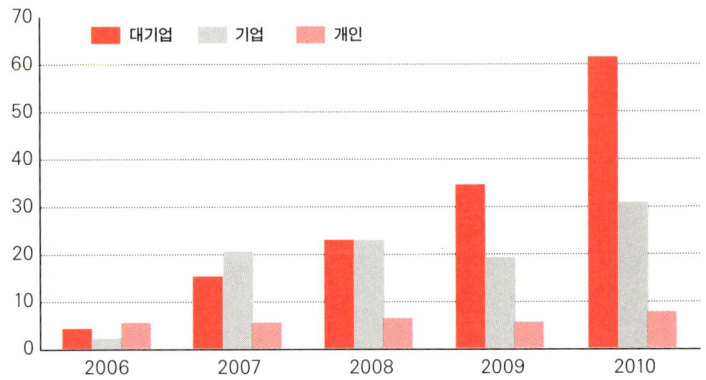

〈도표 13〉 부문별 소득증가율

자료: 한국은행ECOS, 공정거래위원회
*개인 및 기업은 국민계정 처분가능소득 기준, 대기업은 공정거래법상 상호출자제한 기업집단의 영업이익 기준

업과 중소상인이 밀려나고 있다.

양극화의 주범이 재벌임을 보여주는 데이터가 있다. 2008년 이후 개인소득의 증가율은 5% 내외를 기록한데 반해(이것은 실질소득이 아닌 명목소득임), 기업소득은 20% 내외로 증가했고, 특히 대기업의 당기순이익은 2009년과 2010년에 각각 30%와 60%를 상회하는 엄청난 폭증세를 보였다〈도표 13〉.

양극화의 실상은 노동시장에서도 확인되고 소득분배에서도 나타난다. 정규직과 비정규직 사이의 임금 격차, 대기업과 중소기업 사이의 임금 격차가 날로 커지고 있다〈도표 14, 15〉. 국제노동기구ILO 자료에 따르면 한국은 저임금근로자 비중이 25.6%나 되어

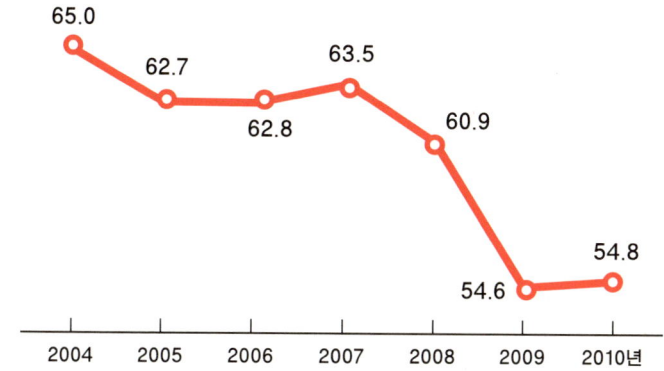

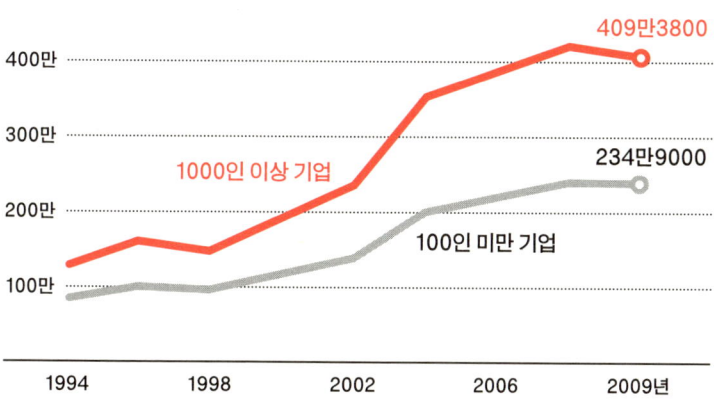

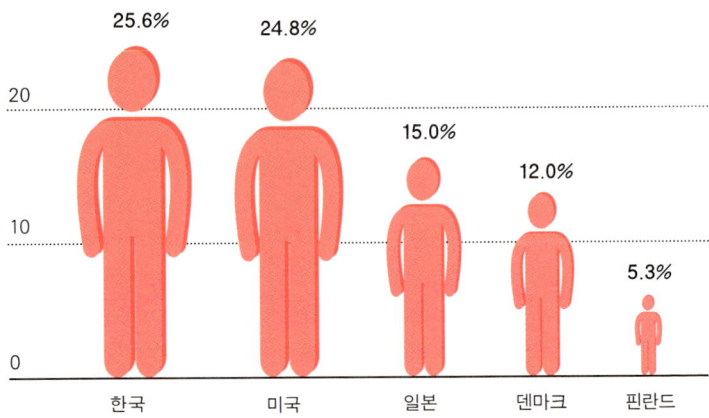

〈도표 16〉 2007~2009년 각국 저임금 근로자 비율

저임금은 중위 임금의 3분의 2 이하

자료: 국제노동기구(ILO), 2010~2011 글로벌 임금 보고서

주요국 중 가장 높다고 한다〈도표 16〉. 좋은 일자리가 부족해 자영업이 과잉 팽창했고, 이에 따라 많은 영세 자영업자들이 몰락해 빈곤층으로 전락하는 현실이다. 이러한 요인들이 결과적으로 소득분배의 양극화를 초래했다. 통계청 자료에 따르면 상대적 빈곤율은 1997년 8.7%에서 2010년에는 14.9%로 크게 증가했다. 또한 같은 기간에 5분위배율은 3.97에서 6.02까지 증가했으며, 지니계수는 0.264에서 0.315까지 증가했다.

막가파식 경기부양의 후유증

이명박 대통령은 2011년 9월 미국 방문 중 "내가 대통령이면서 위기 두 번 맞는 게 다행"이라고 주장했다. 2008년 글로벌 금융위기를 세계에서 가장 빨리 극복했다고 자랑하는 것과 일맥상통한 자신감의 표현이다. 과연 한국 경제는 위기를 극복했는가? 2010년 성장률이 6.2%에 달했으니 경기회복을 통해 위기를 극복했다는 주장이다. 하지만 2008년과 2009년의 침체 이후 반등효과를 생각하면 2010년 한 해 6.2% 성장으로 경기가 충분히 회복되었다고 보기는 어렵다.◆ 더욱 큰 문제는 이 정도의 성장도 MB 정부가 마구잡이로 경기부양정책을 펼친 결과이며, 그 후유

◆ 이명박 정부 출범 이래 4년(2008~2011) 동안 연평균 성장률은 3.1% 정도가 될 전망이다. 이는 김대중 정부의 연평균 성장률 5.0%나 노무현 정부의 연평균 성장률 4.3%에 비해 상당히 저조한 성적이다.

〈도표 17〉 이명박 정부 시기 부채 증가 현황

	부채 증가액	부채 증가율	GDP대비 부채 비율(%)
정부	137	50	28.2 / 35.2
가계	211	27	81.4 / 85.8
기업	836	31	275.7 / 300.9
(공기업)	(180)	(53)	
합계	1,185	32	385.4 / 421.9

자료: 한국은행 자금순환표
*2007년 말 대비 2011년 1분기

증이 매우 심각하다는 것이다. 747 공약이라는 허황된 약속으로 집권한 MB 정부는 미국 정부에게 환율조작국으로 찍힐 정도로 과격한 고환율 정책, 한국은행의 독립성을 무시하고 강요한 저금리 정책, 4대강 사업 등 대형 국책사업, 부자감세 정책, 부동산 규제 완화와 금융기관 유동성 지원 등 그야말로 '닥치고 경기부양'을 전방위적으로 추진했다.

가장 심각한 문제는 과잉 부채다. 2007년 말 대비 2011년 1분기까지 금융부문을 제외한 부채 증가액 총액은 무려 1,185조 원에 이른다. 국내총생산GDP 대비 부채비율이 385%에서 422%로 37% 포인트나 증가했다〈도표 17〉. 가계나 사기업의 부채 증가도 제법 컸지만 특히 정부 부채와 공기업 부채의 증가 속도가 빨랐다. MB 정부의 경제성장은 결국 빚더미 위에 쌓은 거품성장인 셈이다. 부채와 거품으로 키운 경제는 반드시 꺼지게 되어 있다.

지금 가장 심각한 문제는 가계 부채다. 빚의 증가 속도로 보면 정부 부채가 더 심각하지만 원래 우리나라 재정은 괜찮은 편이어서 아직까지 우려할 만한 상황은 아니다. 그런데 주택담보대출이 태반을 차지하는 가계빚은 MB 정부 출범 이전에 이미 부동산 버블과 함께 크게 늘어난 상태였다. 우리나라의 가처분소득 대비 가계 부채 비율은 위기 직전의 미국보다도 높은 수준이다. 특히 수도권에서는 높은 집값 때문에 소득증가 속도에 비해 가계 부채 증가 속도가 3배나 되어 문제가 더 심각하다. 게다가 변동금리부 대출 비중이 95%에 달해 금리 상승에 대한 부담이 대부분 가계로 전가될 것이어서 매우 위험한 상황이다.◆

물가상승 때문에 이자율은 올라갈 수밖에 없는 상황이고, 이자 부담이 늘어나면 한편으로는 소비지출의 여력이 없어서 내수가 위축될 것이고, 다른 한편으로는 집을 팔려는 사람들이 늘어날 것이다. 자칫 집값이 폭락하고 개인파산 및 금융부실이 폭증하는 최악의 시나리오가 조만간 현실이 될 수도 있는 상황이다. 이미 집은 있지만 이자 내느라 급급한 '하우스푸어'가 200만 가구에 이른다고 하며, 2011년 한 해 가계빚 이자부담이 50조 원을 넘어 국민총소득의 5%가 이자상환에 쓰이고 있다고 한다.

◆ 미국은 그 비중이 10%, 영국은 62%이다.

ATM 코리아에서 한미 FTA까지

1997년 아시아 금융위기가 왔을 때 정부는 "한국 경제는 펀더멘털이 좋아서 아무 문제가 없을 것"이라는 말을 마지막 순간까지 해댔다. 경제 펀더멘털을 점검할 때 흔히 살피는 성장률, 물가상승률, 실업률, 국제수지, 재정적자, 통화증가율 등 어느 걸 봐도 큰 위기가 닥칠 조짐은 보이지 않았다. 그런데도 한국 경제는 외환위기에 휩싸였고, IMF 경제신탁통치를 받으면서 엄청난 희생을 치러야 했다.

2008년 글로벌 금융위기가 왔다. 그런데 이상한 것은 사고는 미국이 쳤는데, 한국 경제가 극심한 충격에 휩싸인 것이다. 이웃 중국이나 일본은 통화가치가 오르는데 우리의 원화는 가치가 폭락했다. 거시경제 변수는 여전히 좋았는데도 말이다. 2011년 여름 유럽과 미국의 재정위기 소식이 전해오자 또다시 우리 금융시

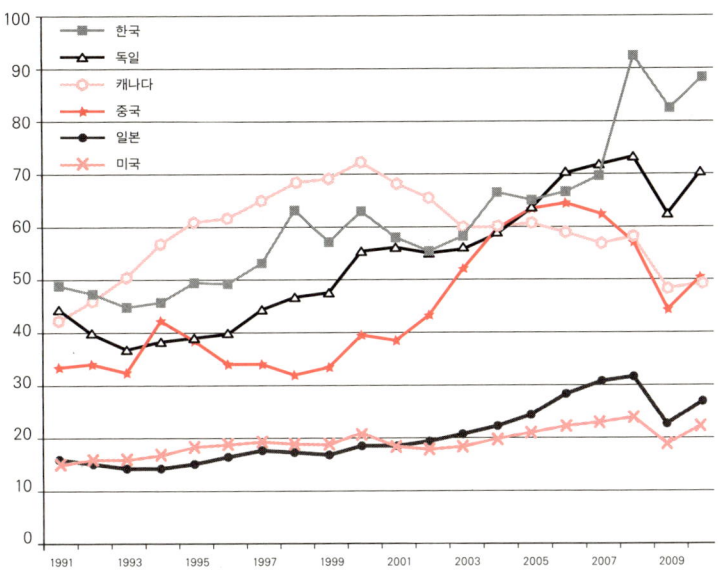

〈도표 18〉 각국의 대외의존도=(수출+수입)/GDP

자료: 한국은행
*우리나라의 대외의존도(GDP 대비 수출+수입 비중)는 2010년 이후 계속 올라가서 2011년 1분기에는 110%에 달함

    장이 요동을 쳤다. 한국 경제에는 전통적인 거시경제변수에는 나타나지 않는 심각한 구조적 취약성이 존재한다는 뜻이다.

    한국 경제의 구조적 취약성으로 외국 언론이 이구동성으로 지적하는 것이 지나친 수출의존도다〈도표 18〉. 수출에 워낙 목을 매다 보니 GDP에서 수출이 차지하는 비율이 50%를 훌쩍 넘어버렸다. 해외 사정이 안 좋으면 당연히 큰 영향을 받게 된다. 이걸 알고 금융시장이 먼저 반응한다. 이런 얘기다. 예전에는 "미국 경제가 기침을 하면 한국 경제는 감기에 걸린다"는 말이 있었는데, 이제는 미국, 유럽, 중국, 어느 하나라도 문제가 생길까 노심초사해야 하는 상황이 되었다. 다음으로 금융의 취약성이 큰 문제다. 금융감독도 엉망이고 금융기관도 선진국 수준의 경영과는 거리가 먼데 개방으로 문은 활짝 열려 있어서 외국 자본의 놀이터가 되어버렸다. 국제금융시장에 충격이 올 때마다 외국 자본이 한국 금융시장에서 현금자동인출기ATM처럼 자금을 빼내가는 바람에 한국이 유난히 몸살을 앓는다. 이 현상을 가리키는 'ATM 코리아'라는 신조어까지 등장했다.

MB 정부는 이런 구조적 취약성을 더욱 키워왔다. 고환율정책으로 수출주도형 성장을 추구하더니 급기야 한미 FTA 날치기 통과까지 해가면서 '수출만이 살 길'이라고 외치고 있다. 참 이상한 것은 거의 모든 경제학자와 언론이 내수의 중요성을 지적하고 지금보다 내수 위주의 성장을 해야 한다는 데 동의하면서도 그것은 곧 수출 드라이브의 기어를 한 단계 낮추는 일이라는 당연한 사실은 외면한다는 것이다. 금융시장 개방도 마찬가지다. 한미 FTA로 더 이상 돌이킬 수 없는 금융시장 개방이 이루어지고 자칫하면 월가로부터 위험한 금융상품이 들어와도 우리 감독 당국이 어쩌지 못하는 사태가 올 수도 있다. ATM 코리아의 구조적 취약성을 더욱 심화시키는 것이 바로 한미 FTA다. 이건 아니다.

3장

경제민주화의 해법

경제도 민주주의냐?

"경제도 민주주의냐?" 내가 경제민주화라는 말을 꺼내자 친구 하나가 핀잔하듯이 한 말이다. "그래, 경제도 민주주의다. 너는 재벌독식 경제가 좋다고 생각하냐?" 이 한마디로 논쟁은 정리되었다. "아, 그런 뜻이구나."

흔히 경제는 경제논리로 풀어야 하고 정치논리가 개입하면 안 된다는 말들을 한다. 어떤 맥락에서는 이 말이 맞을 수도 있다. 정경유착이나 전시행정을 위한 예산 낭비, 혹은 지역발전을 위한다고 중앙정부 예산을 끌어다가 경제성이 전혀 없는 사업을 벌이는 등의 문제들이 바로 정치논리에 의해 경제를 망가뜨리는 경우다. 하지만 경제에 정치논리가 개입되면 안 된다는 말이, 민주적 절차에 입각해 시장에 개입하고 시장을 규제하는 것에 대한 반론으로 사용된다면 이는 용납해서는 안 될 반민주적 시장독재의 논리가 된다.

시장이 사람을 위해 있는 것이지 사람이 시장을 위해 있는 것은 아니다. 사람을 시장의 도구로 전락시켜서는 안 된다. 어디까지 시장에 맡기고 어디까지 공공의 영역으로 할 것인가, 시장이 사회적으로 바람직한 결과를 낼 수 있도록 어떻게 규제하고 조정할 것인가는 민주적으로 결정해야 할 문제다. 경제이론은 그러한 결정을 도와주는 보조자 역할은 할 수 있을지언정 결코 그 자체로서 옳고 그른 것을 결정할 수는 없다. 즉 경제정책의 정당성은 민주적 절차에서 나오는 것이지 경제 엘리트의 이론이나 지혜에서 나오는 것은 아니다.

정치제도로서의 민주주의는 만인의 자유와 평등을 이상으로 삼는다. 시장경제는 경제적 자유를 보장해 효율적 자원배분과 역동적 경제성장 면에서 큰 성과를 나타냈지만 지나친 불평등을 낳았다. 따라서 시장에 대한 민주적 개입과 통제는 대체로 시장의 단점인 불평등을 축소하는 방향으로 이루어진다. 당연히 시장의 승자, 기존 경제구조의 기득권자들은 이러한 민주적 개입을 불편해하고 정치논리라는 이름으로 배제하고 싶어 한다.

정치와 국가는 빠지고 경제는 시장에 맡겨야 한다는 논리는 곧 시장만능주의요 신자유주의다. 경쟁만능주의요 승자독식주의다. 민주주의는 이를 거부한다. 개인의 경제적 자유에 기초한 시장경제의 효율성과 역동성을 저해하지 않으면서도 경제적 평등을 지향하는 것이 바로 경제민주화고, 이는 제대로 작동하는 민주정치의 필연적인 요구다.

경제민주화의 세 가지 축: 공정경쟁, 참여경제, 분배정의

민주주의에서 말하는 평등은 흔히 기회의 평등이라고 얘기한다. 결과의 평등을 강조하면 열심히 노력할 까닭이 없어지고 시장이 제대로 작동하지 않게 된다. 기회의 평등을 소극적으로 해석하면 계약의 자유에 지나지 않는다. 누구에게나 자유롭게 경제적 선택을 하고 거래계약을 맺을 자유와 기회가 주어진다는 것이다. 그러나 이런 형식적인 기회균등이 실질적인 기회의 평등을 의미하지는 않는다. 실질적인 기회평등을 위해서는 누구나 시장에서 유의미한 경쟁을 하기 위한 준비를 할 수 있도록 사회가 뒷받침해주어야 할 것이다. 또한 시장경쟁이 공정경쟁이 될 수 있도록 공정한 시장질서를 확립해야 한다.

시장경제에서 경제적 의사결정이 모두 개인적인 의사결정이고 시장 활동은 무조건 경쟁이라고만 생각하는 것은 오산이다. 많은 경제활동, 특히 생산 영역에서는 다수의 협력을 필요로 하는 경우가 대부분이다. 한 기업을 보면 그 전체로서는 다른 기업들과 시장에서 경쟁하지만 그 기업의 구성원들 간에는 협력이 절대적으로 요구된다. 따라서 기업은 하나의 집단으로서 경제적 의사결정을 하게 된다. 지역사회나 국가적인 차원에서 경제적 의사결정, 즉 정책결정을 하는 것도 집단적 의사결정이다. 이때 집단의 의사결정을 누가 할 것인가라는 문제가 제기된다. 기업의 의사결정을 자본가가 하는가? 자본가가 선임한 경영자가 하는가? 아니면 종업원도 함께 참여해야 하는가? 경제민주화의 두 번째 요소는 작업장, 기업, 지역사회 및 정부의 경제적 의사결정에 대한 민주적 참여의 권리를 보장하는 것이다. 이러한 참여의 권리가 보장된 경제를 참여경제라고 부르자.

경제민주화의 세 번째 요소는 분배정의다. 아무리 기회의 평등과 참여의 권리가 보장되어 있다고 해도 결과적으로 형성되는 소득과 부의 분배가 지나치게 불평등하면 곤란하다. 한 가지 이유는, 이러한 분배가 그 이후의 경쟁을 준비하는 여건이 되기 때문에 분배가 심하게 불평등해지면 기회의 평등마저 무너지기 때문이다. 또 다른 이유는, 다수 구성원이 생각하는 사회정의를 위배하는 정도의 불평등은 민주적 공동체에 의해 수정되어야 마땅하기 때문이다.

이렇듯 경제민주화의 세 축은 공정경쟁, 참여경제, 그리고 분배정의다. 물론 이 각각의 축 사이에는 상호보완적인 관계가 존재한다. 경제민주화가 잘 이루어진 경제를 민주적 시장경제라고 부른다. 민주적 시장경제에서 경제 시스템은 한편으로는 인적자본에 대한 투자, 생활안정, 재분배 등의 고리를 통해 교육 및 복지 시스템과 연계되어 있고, 다른 한편으로는 시장에 대한 민주적 개입과 통제라는 기제를 통해 정치 과정과 결합되어 있다.

이제 공정경쟁, 참여경제, 분배정의를 이루기 위해 무엇을 해야 하는지 살펴보자.

공정경쟁

시장에서의 경쟁이 공정하게 이루어질 수 있도록 하기 위해서는 특권과 특혜를 청산하고, 보편적인 시장접근권을 보장하고, 독점과 과점을 규제해야 한다. 그리고 교섭력에 현저한 불균형이 있는 경우 이를 교정할 필요도 있다. 예를 들면 원청 대기업과 하청 중소기업 사이에, 또는 자본과 노동 사이에 교섭력의 균형을 이루기 위해서 다양한 제도적 장치를 마련하는 것이다.

우리나라의 경우 공정경쟁을 위해 가장 중요한 것은 재벌개혁이다. 재벌대기업에 의한 경제력 집중은 공정경쟁을 해치고 경제 양극화를 초래하는 핵심적 원인이다. 재벌개혁은 법 앞의 평등, 경제적 합리성, 그리고 공정한 거래의 3원칙에 입각해서 추진해야 한다. 첫째, 법 앞의 평등은 재벌 총수나 재벌기업을 막론하고 법을 어기면 엄정한 처벌을 받아야 한다는 것이다. 둘째, 재벌의 소유지배구조와 관련해서는 경제적 합리성의 원칙을 적용해야 한다. 그룹 경영의 합리적인 장점과는 무관한 총수의 전제적 지배체제는 해소되어야 한다는 것이다. 셋째, 하도급 거래와 같은 대기업과 중소기업 간 거래의 공정성을 보장하고, 동일 시장을 놓고 대기업과 중소기업이 경쟁하는 경우 중소기업을 일정하게 보호함으로써 공정 거래의 원칙을 확립하자는 것이다.

노동시장도 지극히 불공정한 현실이다. 노동시장의 공정경쟁을 위해 크게 세 가지를 해야 한다. 첫째, 비정규직, 특수형태고용 노동자, 취약계층 노동자를 포함해서 모든 노동자가 어떠한 형태의 부당한 차별도 받지 않아야 한다는 것이다. 성, 연령, 학력, 종교 등에 따른 모든 종류의 차별이 철폐되어야 하며, 동일가치노동 동일임금의 원칙이 확고하게 관철되어야 한다. 둘째, 노동조합의 교섭력을 강화함으로써 사용자와 힘의 균형을 이루도록 해야 한다. 셋째, 부당한 정리해고를 하지 못하도록 하고, 불가피하게 실직한 노동자들을 위한 생활안전망을 구축해야 한다.

금융시장은 시장경제에서 자원배분을 하는 과정에서 핵심적인 역할을 하며 위험의 분산 등 여타 중요한 기능을 담당한다. 금융시장은 정보의 비대칭성과 불완전성 때문에 시장의 실패가 많이 나타나며 따라서 규제와 감독이 매우 중요하다. 금융시장에서 공정경쟁의 이상을 구현하기 위해서는 크게 세 가지 노력이 필요하다. 첫째, 경제력 집중의 방지를 위해서 금융자본과 산업자본의 분리를 강화해야 한다. 둘째, 금융 시스템의 안정성과 공공성을 확보하기 위해 금융감독을 전면 개혁해야 한다. 셋째, 금융소비자 보호를 강화하고 서민금융을 정비해야 한다.

참여경제

참여경제란 흔히 주주자본주의 shareholder capitalism와 대비하여 얘기하는 이해관계자 자본주의 stakeholder capitalism를 더욱 확장한 개념이다. 이해관계자 자본주의란 기업지배구조에 있어서 주주뿐만 아니라 종업원, 소비자, 지역사회 등 모든 이해관계자의 이익과 관점이 기업의 의사결정에 반영되는 것을 의미한다. 참여경제는 기업지배구조에 국한하지 않고 모든 집단적인 의사결정에 민주적 참여를 확대하는 경제다.

참여경제의 발전을 위해서 특히 중요한 과제로는 노동자 경영 참가, 협동조합의 육성, 경제정책 결정 과정의 민주화, 이렇게 세 가지를 꼽을 수 있다. 첫째, 노동자 경영 참가는 종업원의 의사 반영과 경영진 감시를 위해서도 중요하고, 장기적으로는 적대적인 노사관계를 신뢰와 협력의 관계로 전환하기 위해서도 반드시 필요하다. 둘째, 참여경제에서는 기본적으로 자본이 주인 노릇을 하고 이윤추구를 목적으로 하는 자본주의적 기업뿐만 아니라 협동조합이나 노동자소유 기업 또는 사회적 기업 등 보다 민주적이

2011년 11월 26일 한미 FTA 저지 범국민운동본부가 주최한 '한미 FTA 국회 비준 무효화' 촉구 촛불집회 모습(《시사IN》 포토)

고 참여적인 형태의 비자본주의적 기업들이 활발하게 경쟁할 수 있어야 한다. 셋째, 경제정책 입안 과정의 민주화와 참여의 문제가 있다. 경제관료들과 그들에게 직간접적으로 부당한 영향력을 행사하는 정치권력과 재벌권력이 경제정책을 쥐락펴락하는 현실을 바꿔야 한다. 이게 쉬운 일은 아니다. 정책입안 과정에서 행정부의 주도성을 약화시키고 입법부의 역할을 확대하는 것과 정책정당을 발전시키는 것, 그리고 사회적 협의를 활성화하는 것 등이 필요하다.

경제정책 결정 과정의 민주화가 절실하게 요구되는 한 가지 사례로 FTA 정책을 들 수 있다. 지금 한미 FTA로 인해 정치적 갈등

미국의 '월가를 점령하라' 시위 모습(AP 포토)

이 매우 고조되어 있다. 미국을 예로 들자면 의회가 협상권한을 가지고 있으며, 협상 과정에서 이해당사자와 전문가의 의견을 수렴해 미국의 국익을 관철하도록 되어 있다. 반면 우리나라는 관료들의 비밀주의 협상으로 일관했고, 미국의 요구를 거의 일방적으로 받아들였으며, 반대하는 국민들을 윽박지르면서 무조건 '국익'을 위해 받아들여야 한다고 광고나 해댔다. 그것도 우리가 낸 세금으로. 이런 것, 확 바꿔야 한다.

분배정의

분배정의는 수많은 철학적 논의의 주제로서 간단한 정답이 있는 문제는 아니다. 자유지상주의 입장에서는 공정한 경쟁만 보장되면 결과적으로 나타나는 분배는 아무리 불평등하더라도 정의로운 것이라고 주장한다. 그러나 진보적 자유주의 혹은 민주주의 전통에서는 두 가지 추가적인 요구가 존재한다. 누구에게나 잠재적 능력을 계발하고 자아실현을 추구할 수 있는 여건을 공평하게 제공해야 한다는 것과 사후적 불평등이 사회적 정의감에 어긋나지 않도록 적절한 재분배를 해야 한다는 것이다. 이를 위해서는 보편적 복지와 조세정의를 확립해야 한다.

먼저 시장에서의 공정경쟁은 이미 앞에서 다뤘다. 그런데 우리나라의 경우 시장경쟁에 돌입하기 이전 교육을 통한 인적자본 형성 단계에서 이미 심각한 불공정 경쟁이 일어나고 있다. 바로 교육기회의 불평등 문제다. 이는 부와 빈곤의 대물림을 고착화하는 것으로서 분배정의를 위해 반드시 고쳐야 할 부분이다. 무상보육과 의무교육 확대로 모든 어린이와 청소년의 보육과 교육을 국가가 책임지는 방향으로 가야 하며, 대학 진학에 뜻이 없는 학생들을 위한 직업교육을 강화해야 한다. 그리고 대학의 학생선발제도를 개혁해 교육기회균등을 실현해야 한다.

보편적 복지는 누구에게나 인간다운 삶과 자아실현의 기회를 보장해주는 것을 이상으로 한다. 보편적 복지는 인적자본에 대한 사회적 투자를 실현해 시장소득분배의 평등화에 기여하며, 또한 소득보장과 사회 서비스 제공으로 재분배를 실시해 가처분소득분배의 평등화에도 큰 역할을 한다. 정치권에서는 보편적 복지냐 선별적 복지냐를 두고 논란이 일고 있지만 선별적 복지가 반드시 보편적 복지에 반하는 것은 아니다. 보편적 복지는 권리로서의 복지를 말하며 시혜적 복지와 반대되는 것이다. 따라서 이 문제에 관해서는 도그마를 경계하고 실사구시의 정신으로 접근해야 한다.

보편적 복지의 재원을 마련하고 재분배의 정신을 실현하기 위해서는 조세정의의 확립이 또한 필수적이다. 조세정의의 확립을 위해서는 가장 기본적인 것이 소득파악률을 제고해 음성·탈루 소득을 없애는 일이다. 그동안 상당한 개선이 있었지만 아직도 일부 고소득 직종의 소득이 제대로 파악되지 않고 있으며, 부가세 간이납부제도가 남용되어 무자료 거래도 상당 부분 성행하고 있는 현실이다. 이러한 문제를 해결하기 위한 노력과 더불어 세무조사를 대폭 강화해야 한다. 또한 임시투자세액공제제도를 비롯한 불합리한 비과세·감면제도를 정비해 과세기반을 넓히는 일도 중요하다. 그리고 우리나라 재정의 소득재분배 기능이 매우 미약하다는 사실과 지속적으로 심화하는 양극화의 현실을 감안해 고소득층의 세금 부담을 일정하게 올리는 정책도 필요하다.

경제민주화의 역사와
헌법 제119조

　19세기 고전적 자유주의 시대에는 국가는 '야경국가'로서 법질서만 유지하고 경제는 시장에 맡긴다는 논리가 지배했다. 그렇다고 실제로 완전 자유방임 시장경제가 이루어진 것은 아니지만 국가의 경제적 역할은 매우 제한적이었다. 그러다가 1929년 대공황이 발발하고 난 뒤 자본주의를 개혁하려는 움직임이 일기 시작했다.

　당시의 개혁은 대중민주주의의 발달을 토대로 경제민주화를 크게 진전시켰다. 미국에서 프랭클린 D. 루스벨트 대통령이 추진한 뉴딜개혁의 경우 통화금융 시스템 개혁이 한 축을 이루었고, 사회보장제도의 도입과 단체교섭권 강화 등 사회경제적 개혁이 또 한 축을 이루었다. 이후 서구 선진국에서는 복지국가가 발달하고 노동조합이 강화되었다. 이와 함께 소득분배의 불평등도가 현저하게 낮아졌다. 이렇게 탄생한 개혁자본주의는 전후 황금기(1950년대 및 1960년대)를 낳고 전무후무한 성장과 안정을 이룩한다.

그러나 1980년대부터 신자유주의가 득세하면서 규제 완화, 민영화, 시장개방, 노동조합 약화와 복지 축소 등 정부의 역할과 시장개입을 줄이고 시장의 역할을 확대하는 정책들이 세계 여러 나라에서 추진되었다. 이로써 신자유주의 세계화가 진행되었는데 이는 특히 금융자본이 주도했다. 금융자본은 빠른 속도로 국경을 넘나들면서 각국의 경제정책을 자신의 구미에 맞는 방향으로 유도하기도 하고 때로는 경제위기를 초래하기도 했다. 이런 식의 신자유주의 세계화는 경제민주화에 역행하는 것이었다. 소득불평등은 증대하고 금융위기가 빈발했으며, 마침내 2008년 국제금융자본의 총본산인 월가에서 초대형 위기가 폭발했다. 이후 각국은 돈을 풀고 재정을 확대해 위기를 넘겨보려 했지만 경기회복은 신통치 않고 재정악화로 인한 또 다른 위기를 초래하고 있다. 지금의 세계경제 위기는 통화정책이나 재정정책만으로는 해결할 수 없는 구조적인 위기로서 경제민주화만이 진정한 해법이다. 월가에서 벌어졌던 "점령하라Occupy" 시위는 바로 경제민주화 운동에 다름 아니다.

우리나라의 경우에도 경제민주화의 요구는 해방 직후, 4·19 혁명 이후, 또 6월 항쟁 이후 등 민주정치의 공간이 열릴 때마다 항상 전면에 등장했다. 박정희 개발독재 이후에는 정경유착과 관치

금융 문제, 재벌 문제, 노동권과 복지의 문제가 경제민주화 담론의 주된 내용으로 등장했다. 그리고 6월 항쟁의 성과로 만들어진 현행 헌법에는 경제민주화 원칙이 명시적으로 담겨 있다. 그것이 바로 헌법 제119조 2항이다.◆ 그러나 이후 갈수록 신자유주의가 득세하면서 유명무실한 조항이 되고 말았다. 민주정부가 10년 집권 후 정권을 상실한 것도 경제민주화에 실패한 탓이었다. 이제 모순에 찬 대한민국의 경제 현실을 타개하기 위해, 좌절하는 젊은이들과 지친 민초들에게 희망을 주기 위해 경제민주화의 길로 나아가야 한다는 인식이 확산되고 있다. 경제민주화, 과연 진정한 해법인가?

◆ 헌법 제119조
① 대한민국의 경제질서는 개인과 기업의 경제상의 자유와 창의를 존중함을 기본으로 한다.
② 국가는 균형 있는 국민경제의 성장 및 안정과 적정한 소득의 분배를 유지하고, 시장의 지배와 경제력의 남용을 방지하며, 경제주체간의 조화를 통한 경제의 민주화를 위하여 경제에 관한 규제와 조정을 할 수 있다.

경제민주화와 좋은 성장

경제민주화가 소득분배를 고르게 하는 데는 물론 경제성장에도 도움이 될 뿐만 아니라 경제안정도 가져온다는 것은 역사적 사실이 말해주고 있다. 미국을 비롯한 서구 선진국의 경우 경제민주화가 진전되었던 전후 황금기에 경제성장률이 역사상 가장 높았고, 소득의 불평등은 크게 줄어들었으며, 경기변동은 완만해지고 금융위기는 거의 사라질 정도로 경제안정도 이룩했다. 경제민주화를 후퇴시킨 신자유주의 시대에는 소득분배가 악화되고 금융위기가 빈발했을뿐더러 성장률도 낮았다〈도표 19〉. 특히 미국의 소득불평등도와 금융위기 사이에는 놀라울 정도로 정확한 상관관계가 나타나고 있어서 경제학자들의 주목을 끌고 있다〈도표 20〉.

경제성장이 잘될뿐더러 그 혜택이 모두에게 골고루 돌아가고,

〈도표 19〉 경제민주화와 경제성장의 상관관계

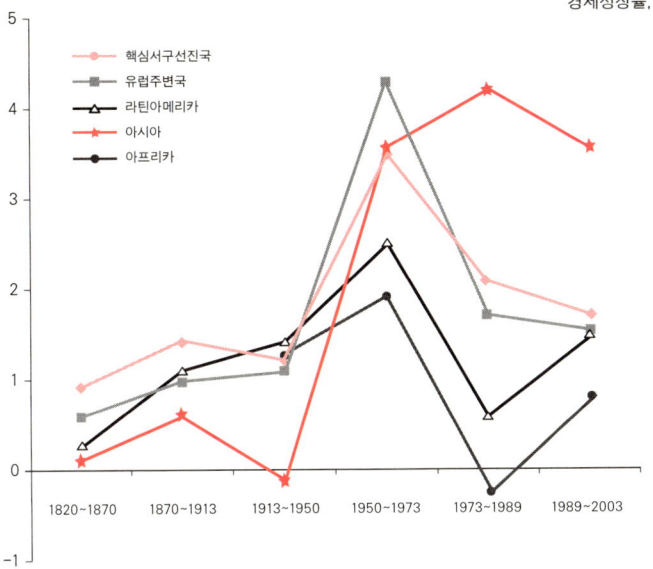

자료: 1820~1989 기간의 통계는 Angus Maddison, "Explaining the Economic Performance of Nations 1820~1989," in W.J. Baumol, R. R. Nelson and E. N. Wolff, eds., *Convergence of Productivity: Cross National Studies and Historical Evidence*, Oxford University Press, New York, 1994.
1989~2003 기간의 통계는 UN 웹사이트(http://unstats.un.org/unsd/snaama/dnllist.asp)

*경제민주화가 고조되었던 1950~1973년 사이 세계 각 지역의 경제성장률은 사상 최고를 기록했다. 아시아 지역은 예외적으로 1980년대 이후에도 높은 성장세를 지속했는데, 이는 중국, 베트남, 인도 등 이 지역의 신흥경제국들이 이 시기에 고도성장을 시작했기 때문이다.

금융위기를 겪지 않고 경제안정을 이룬다면 그것이야말로 좋은 성장이다. 경제민주화는 평등을 지향하는 것이기 때문에 경제민주화를 통해 분배를 개선할 수 있다는 데는 대부분 쉽게 동의할

〈도표 20〉 미국의 주요 경제 사건과 은행파산·금융규제·소득불평등 추이

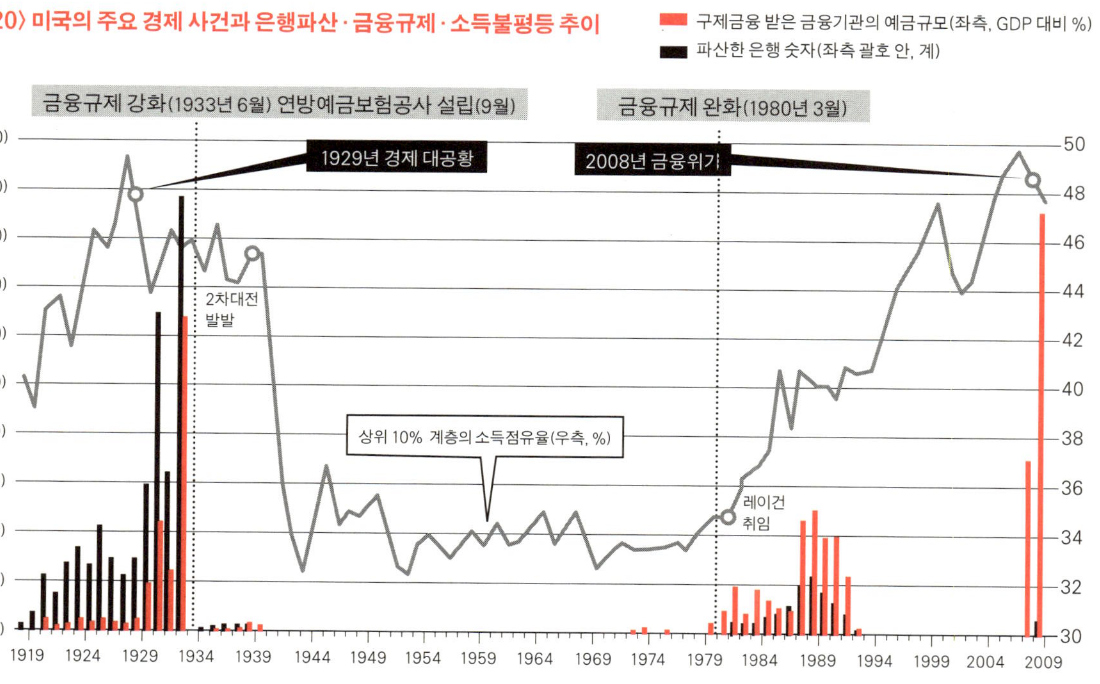

■ 구제금융을 받은 금융기관의 예금규모(좌축, GDP 대비 %)
■ 파산한 은행 숫자(좌축 괄호 안, 개)

- 금융규제 강화(1933년 6월) 연방예금보험공사 설립(9월)
- 1929년 경제 대공황
- 2차대전 발발
- 상위 10% 계층의 소득점유율(우축, %)
- 레이건 취임
- 금융규제 완화(1980년 3월)
- 2008년 금융위기

자료: 데이비드 모스(David Moss), 2011

수 있을 것이다. 금융규제와 감독을 엄격하게 하니 금융위기를 방지할 수 있다는 것도 납득할 만한 일이다. 그런데, 정말로 경제민주화가 경제성장에도 도움이 될까? 이건 경제학자들 사이에도 논란이 있는 문제고 박정희 개발독재 아래서 고도성장을 이룬 경험이 있는 한국 사람들은 쉽사리 동의하기 어려울 수도 있는 얘기다.◆ 그러나 잘 따져보면 경제민주화가 경제성장에도 보탬이 되는 이유가 다수 존재한다.

우선 공정경쟁이 불공정 경쟁에 비해 효율적인 자원배분에 유리하다는 것은 경제학의 상식이다. 그리고 공정경쟁과 경제안정은 독점이나 로비, 투기 등에 의한 초과이익의 기회를 없애기 때문에 기업들의 혁신을 더욱 강력하게 유도하는 효과를 지닌다. 이것이 바로 투기에 의한 성장이 아닌 혁신에 의한 성장이요, 진짜 성장이다.

그리고 경제민주화는 물적자본이 아닌 인적자본·지적자본 중심의 성장에 유리하다. 경제개발 초기 단계에는 물적자본 투자가 중요하기 때문에 분배요구를 억누르고 투자확대를 도모하는 것이 성장을 제고하는 방법이 될 수도 있지만, 경제가 고도화될수록 인적자본과 지적자본 중심의 성장, 이에 기초한 혁신과 생산성 향상에 의한 성장이 중요해진다. 이것은 한마디로 사람 중심

◆ 건전한 경제관과 올바른 역사의식을 위해서 박정희 경제성장에 대한 비판적 평가가 매우 중요하다. 필자가 엮어 낸 〈박정희의 맨얼굴〉(시사IN북, 2011)을 참조하기 바란다.

성장이다. 사람에 투자하고 사람의 권리를 중시하는 경제민주화야말로 사람 중심 성장의 도우미다.

경제민주화는 또한 내수의 견고한 성장을 확보해준다. 튼튼한 내수는 지나친 해외 의존도 때문에 해외 시장이 조금만 불안해도 풍전등화처럼 흔들리는 한국 경제의 안정적 성장을 위해서 반드시 필요한 부분이다.

경제민주화는 좋은 성장의 토대가 되는 것이 분명하지만 경제민주화만으로 일자리 창출이 저절로 되지는 않는다. 일자리 문제는 교육, 연구개발R&D, 금융, 산업 등 다양한 분야에서 수많은 정책을 일관되게 추진해야 풀 수 있다. 하지만 가장 중요한 일자리 정책들은 경제민주화와 긴밀하게 연결되어 있다. 그 한 가지는 사회 서비스 관련 일자리 창출이다. 경제민주화는 보편적 복지를 요구하고 이는 현재 복지 선진국에 비해서 턱없이 적은 사회 서비스 관련 일자리의 창출로 이어질 것이다.

또 한 가지는 노동시간 단축이다. 우리나라는 고용률은 낮은데 노동시간은 OECD 국가 중 가장 길다. 즉 전체 인구 중에서 일하는 사람의 비중은 낮지만, 취업자 한 사람의 평균 노동시간은 매우 길다는 것이다. 우리나라의 고용률은 특히 여성과 청년의 경우에 낮아서 이들은 괜찮은 일자리를 찾기가 매우 힘들고, 반면 남성 장년층은 과도한 노동에 시달려서 자기 자신이나 가족을 위해 쓸 수 있는 여가가 별로 없으며 심지어 과로사하기도 한다. 만

약 똑같은 양의 일을 더 많은 사람이 나누어서 한다면 일자리가 크게 늘어날 것이다. 서구 선진국에 비해 20~30% 정도 긴 노동시간을 선진국 수준으로 단축해 일자리가 20~30% 증가하면 고용률도 선진국 수준에 이르게 된다. 그리고 모두가 훨씬 더 여유로운 삶을 즐길 수 있을 것이다.

일자리 문제도 따지고 보면 상당한 정도로 분배의 문제이다. 이 문제를 해결하기 위해서는 경제민주화의 한 축인 참여경제가 발달해야 한다.

4장

경제민주화의
12대 핵심 정책

기회균등선발제도

우리나라에서는 시장경쟁이 시작되기 이전 단계, 즉 교육을 통해서 경쟁을 준비하는 단계에서 이미 심각한 불평등이 시작된다. 사교육에 대한 의존도가 높아 부유층과 저소득층 사이에 심각한 교육 격차가 발생하고 있다. 일례로 2011학년도 서울대 합격자 중 서울의 일반고 출신 중에서 강남·서초·송파 3구 출신이 무려 42.5%인데 반해 구로·금천·마포 3구 출신은 겨우 2.7%였다. 태어난 배경에 따라 출발선이 다르다는 말이고, 실질적 기회균등이 보장되지 않는다는 뜻이다. 과거에는 계층상승의 통로였던 교육이 이제는 부와 빈곤의 대물림으로 계층의 재생산과 고착화의 기제가 되고 있다.

교육기회의 실질적인 균등을 위해서는 보육, 의무교육, 직업교육, 대학교육에 이르기까지 국가가 그 책임을 다해야 한다. 전면 무상보육을 실시하고 고등학교까지 의무교육을 확대할 필요가 있으며, 대학에 진학하지 않는 학생들을 위해 양질의 직업교육을 제공하는 것도 중요하다. 그리고 대학의 학생선발제도를 개혁하고 과도한 등록금 부담을 대폭 완화하는 것도 교육기회균등 차원에서 추진해야 할 일이다. 특히 시급한 과제가 기회균등선발제도의 확립이다. 기회균등선발제도란 부모의 소득수준과 교육수준에 따라 가산점을 부여함으로써 어려운 가정환경에서 성장한 학생들이 대학에 진학할 때 불이익을 받지 않도록 하는 것이다. 미국에서는 많은 대학들이 자발적으로 이러한 제도를 채택하고 있다. 우리나라는 미국식 입학사정관제도는 도입했으면서 기회균등선발제도는 외면하고 있어서 입학사정관제도가 오히려 고학력·고소득층 부모의 자녀에게 유리하게 작용하는 형편이다.

기회균등선발제도가 핵심적인 정책인 까닭은 두 가지다. 우선 다른 정책들은 정책효과를 얻기 위해서는 상당한 시간과 예산을 필요로 하지만 기회균등선발제도는 그렇지 않다. 행정적인 준비만 잘하면 당장 실시해 바로 효과를 낼 수 있다. 또한 기회균등선발제도는 보다 근본적인 교육개혁을 위한 지렛대 역할을 할 수도 있다. 기회균등선발제도를 실시하면 과열된 대학입시 경쟁을 일정하게 완화할 수 있으며, 이는 1점 차이로 인생이 좌우되는 상황에서는 도입이 불가능한 사고력과 창의력 위주의 순수 주관식 시험으로 학생 평가방법을 바꿀 수 있는 기회를 열어줄 것이다. 이렇게 평가방법을 바꾸면 사교육의 효과는 현저하게 떨어질 것이며, 따라서 중등교육의 개선과 사교육의 획기적 감소를 가능하게 해줄 것이다.

대학입시에서의 기회균등선발제도는 그다음 단계의 선발에서도 점차 기회균등 방식으로 전환해야 효과를 극대화할 수 있다. 대학원이나 전문대학원, 공무원 임용을 비롯해 사기업까지 기회균등 선발이 보편화되면, 대학입시의 기회균등선발제도에 따른 불만을 해소할 수 있고, 한국의 교육 환경을 혁명적으로 재편하는 계기가 될 수 있을 것이다.

재벌 범죄 근절

　재벌개혁의 출발점은 법 앞의 평등이어야 한다. 재벌의 불법로비와 각계에 걸친 과도한 영향력은 민주주의를 왜곡하고 심지어 그 기반을 송두리째 위협하고 있다. 재벌은 광고주의 지위를 이용해 언론에 과도한 영향력을 행사하고 있으며 산하 경제연구소들을 통해서 우리 사회의 담론을 상당한 정도로 지배하고 있다. 그리고 재벌은 법 위에서 놀고 있어서 우리나라 법치주의를 무너트리고 있다.

　최근에도 SK그룹의 최태원 회장 형제가 검찰의 수사선상에 오른 바 있지만, 우리나라 굴지의 재벌 총수치고 비자금 조성, 횡령, 탈세, 불법로비 등 대형 경제범죄에 연루되지 않은 경우는 눈을 씻고도 찾아보기가 어려울 정도다. 사건이 터지면 이들은 사회공헌과 지배구조 개선 등을 약속하며 여론을 무마하고, 검찰과 사법부는 최대한의 관용을 베푼다. 그러나 삼성그룹의 전략기획실 부활과 이건희 회장의 경영일선 복귀에서 보듯이 시간이 조금만 지나면 언제 그랬냐는 듯이 과거로 회귀하기 일쑤다.

재벌개혁을 위해서라도 검찰개혁과 사법개혁이 이루어져야 한다. 권력에 줄서고, 재벌의 눈치를 보고, 스폰서의 뒤를 봐주는 것이 오늘날 대한민국 검찰의 모습이고, 사법부의 판결은 '무전유죄, 유전무죄'의 원칙을 관철하고 있다.◆ 고위공직자비리수사처를 설치하고, 검사장 직선제를 실시하는 것이 검찰개혁의 매우 유효한 수단이 될 것이다. 사법개혁과 관련해서는 법관인사가 중요한데, 독립적인 인사위원회 설치가 핵심이다. 그리고 영국처럼 판사 임용 시에 향후 퇴직하더라도 변호사 업무를 하지 않겠다는 서약서를 받는 것도 필요하다.

근본적인 검찰개혁과 사법개혁 이전에 우선 재벌 범죄 근절을 위한 몇 가지 방안을 추진해야 한다. 첫째, 특정경제범죄가중처벌등에관한법률에 범죄액수 이득액이 500억 원 또는 5천억 원을 초과할 때 현 규정보다 가중처벌하는 규정을 신설한다. 둘째, 포괄적 뇌물죄를 신설한다. 이미 대법원 판례에 의해서 포괄적 뇌물

◆ 경제개혁연대의 조사에 따르면 2000년 1월~2007년 6월 사이에 특경가법상 배임·횡령 유죄 149명의 기업인 중 1심에서 집행유예를 선고받은 자가 106명(71.1%), 2심까지 가면 125명(83.9%)이다. 거의 대부분 풀려나는 셈이다. 일반 형사범의 경우에 비해서 현저하게 높은 비율이다. 76쪽의 〈도표 21〉은 재벌 총수와 노동자에 대한 법원 판결을 비교한 것이다.

〈도표 21〉 대기업 총수와 노동자 법원 판결 비교

피고인	대기업 총수			피고인	노동자		
	혐의내용	판결내용	비고		혐의내용	판결내용	비고
이건희 (전 삼성그룹 회장)	1,128억 원의 조세포탈	1심: 징역 3년, 집행유예 5년	경영권 불법 승계 혐의 모두 무죄 혹은 공소시효 도과처리	양태조 (민주노총 조직실의 실장)	이랜드 비정규직 집회 및 포항건설 노조 집회 특정	1심: 징역 3년 2심: 징역 2년	비정규 관련 지원투쟁
정몽구 (현대기아차 회장)	회사돈 693억 원 횡령 1,034억 원 비자금 조성 (회사의 인정특기부 횡령 배임)	1심: 징역 3년, 2심: 징역 3년, 집행유예 5년		조준호 (전 민주노총 위원장)	비정규 개악입법 저지 관련 총파업 및 집회	1심: 징역 3년, 집행유예 5년	비정규 관련 지원투쟁
박용성 박용오 박용만 (두산그룹 회장)	회사돈 289억 원 횡령 2,797억 원 분식회계	징역 3년, 집행유예 5년		이지점 (전 포항건설 노조 위원장)	건설일용직 노동자 8시간 단협요구 포스코 본사 점거	징역 3년 6개월 실형	같은 혐의로 포항건설노조 간부 7명에 대해 징역 2년 6개월 실형, 1명에 대하여 1년 6개월 실형
최태원 (SK회장)	1조 5천억 원대 분식회계 및 부당 내부거래	1심: 징역 3년, 2심: 징역 3년, 집행유예 5년		강성환 (삼성일반노조 위원장)	삼성에 대한 명예훼손	징역 3년 6개월 실형	에버레스트 앞성구로 선정됨
손길승 (전 SK회장)	비자금 2천억 원 조성	1심: 징역 3년(보석 허가), 2심: 징역 3년, 집행유예 5년	징역 3년, 집행유예 5년 모두 동일함	정희성 (민주노총 광주전남 부본부장)	현대하이스코 비정규직 투쟁 및 한미FTA 반대 집회 관련	징역 1년 6개월 실형	비정규 지원투쟁 관련
조양호 (대한항공 회장)	비자금 1,161억 원 조성	1심: 징역 4년, 2심: 징역 3년, 집행유예 5년		박종갑 (민주노총 대전본부 조직국장)	한미FTA 반대집회 관련	징역 1년 6개월 실형	
최원석 (동아그룹 회장)	특정경제범죄 가중처벌법 상 횡령 또는 배임	징역 3년, 집행유예 5년		이전타 (민주노총 경북지역 부본부장)	위장폐업 반대집회(1회), 홈에버 포항점 개점 저지 집회투쟁(1회), 홈에버 성주점 불매집회 투쟁(1회)	징역 3년, 집행유예 4년	비정규 지원투쟁 관련
정몽원 (한라그룹 회장)	특정경제범죄 가중처벌법 상 횡령 또는 배임	징역 3년, 집행유예 5년		석영미 (민주노총 부위원장)	비정규입법 강행통과 후 국회 앞 집회	징역 2년, 집행유예 3년	이로 인해 소속 회사에서 직권면직 당함

자료: 민주사회를 위한 변호사모임

죄의 법리는 존재함에도 불구하고 사실상 검찰이 재벌 떡값과 관련한 수사나 기소를 하지 않고 있으므로 포괄적 뇌물죄를 명문화함으로써 재벌 떡값과 같은 문제를 수사하거나 기소하도록 압박하자는 것이다.◆ 마지막으로 국민연금의 의결권 행사와 투자제한을 통해서 재벌 범죄 방지효과를 극대화할 필요가 있다. 특히 국민연금이 기업지배구조와 기업의 사회적 책임에 관한 권고안을 만들고, 이에 관한 평점을 매겨서 일정 점수 이상을 달성한 기업만 투자대상으로 선정하도록 하는 방안은 고려할 만하다.

◆ 대법원은 1997년 12월 26일 선고 '97도 2609' 판결, 1997년 4월 17일 선고 96도 3378 판결 등에서 재벌 떡값과 같이 특별한 청탁이 존재하지 않거나 공무원의 어느 직무행위와의 대가관계에 있는 것인지를 특정할 수 없는 경우라 하더라도 공무원이 그 직무권한의 행사로서의 활동과 전체적, 포괄적으로 대가관계가 있는 금원을 교부받은 경우에도 뇌물 수수죄가 성립한다고 결정했다.

재벌기업의 계열사 출자 규제 및 지주회사 규제 강화

　재벌체제의 기본적인 특징은 소수의 개인이 적은 지분을 소유하고서도 많은 대기업을 절대적으로 지배하며 그 지배력이 대물림된다는 것이다. 재벌의 소유지배구조와 관련해서는 경제적 합리성의 원칙을 적용해야 한다. 재벌이 기업집단으로서 그룹 경영의 이점을 살린다는 것에는 반대할 필요가 없다. 즉 내부자본시장과 내부노동시장 및 내부정보의 활용이라는 그룹 경영의 이점을 살리는 것은 경제적 합리성의 원칙 아래 충분히 용인될 수 있다. 그러나 총수의 전제적 지배체제와 이의 대물림은 그룹 경영의 이점과는 무관한 것이며, 오히려 재벌그룹에 속한 기업들에게는 커다란 짐이 된다. 총수의 이익을 위해서 기업 경영 결정이 왜곡될 소지가 상존하기 때문이다. 이를 지배구조 리스크라고 한다.
　재벌 총수가 적은 지분으로도 절대적 지배권을 행사할 수 있는 이유는 바로 계열사 출자에 의한 내부지분율 높이기에 있다. 총수 일가가 직접 소유한 지분은 적더라도 타 계열사가 출자한 지분을 합하면 지배권을 행사할 수 있는 것이다. 이를 소유와 지배의 괴리라고 한다. 계열사 출자에 의한 그룹 확장과 경제력 집중은 과거에 미국에서도 큰 문제가 된 적이 있다. 20세기 초에 J. P. 모건Morgan 등 금융트러스트가 계열사 출자를 통해 지배력을 확장해 나갔으나 대공황 이후 뉴딜개혁 과정에서 해체되었다. 우리나라 재벌들은 이들보다도 훨씬 더 복잡한 출자구조를 형성했고, 21세기 초반에도 그룹 확장에 더욱 열을 올리고 있다〈도표 22, 23〉.

계열사 출자에 의한 지배권 강화를 규제하기 위해서 만든 제도가 출자총액제한제도(이하 출총제)다. 그런데 MB 정부는 친기업 정책과 규제 완화의 명분으로 이를 완전 폐지해버렸고, 이후 재벌의 계열사 수가 급속하게 팽창하고 있다. 10대 재벌에 한정해서라도 출총제를 부활시켜야 한다. 상호출자나 순환출자나 가공자본을 만들어내기는 마찬가지인데 상호출자만 금지되고 순환출자는 허용되는 것도 문제다. 총수 일가 소유의 주식이 충분하지 않은 경우 지배력을 승계하거나 강화하기 위해 동원되는 방법 중 하나가 순환출자다. 현대차그룹이나 두산그룹이 그러한 예다. 순환출자는 금지해야 마땅하다.

지배력 승계나 강화에 이용되는 또 한 가지 방법이 지주회사 전환이다. SK나 한진중공업홀딩스가 그런 예다. 지주회사는 원

〈도표 22〉 J. P. Morgan의 계열사 출자구조

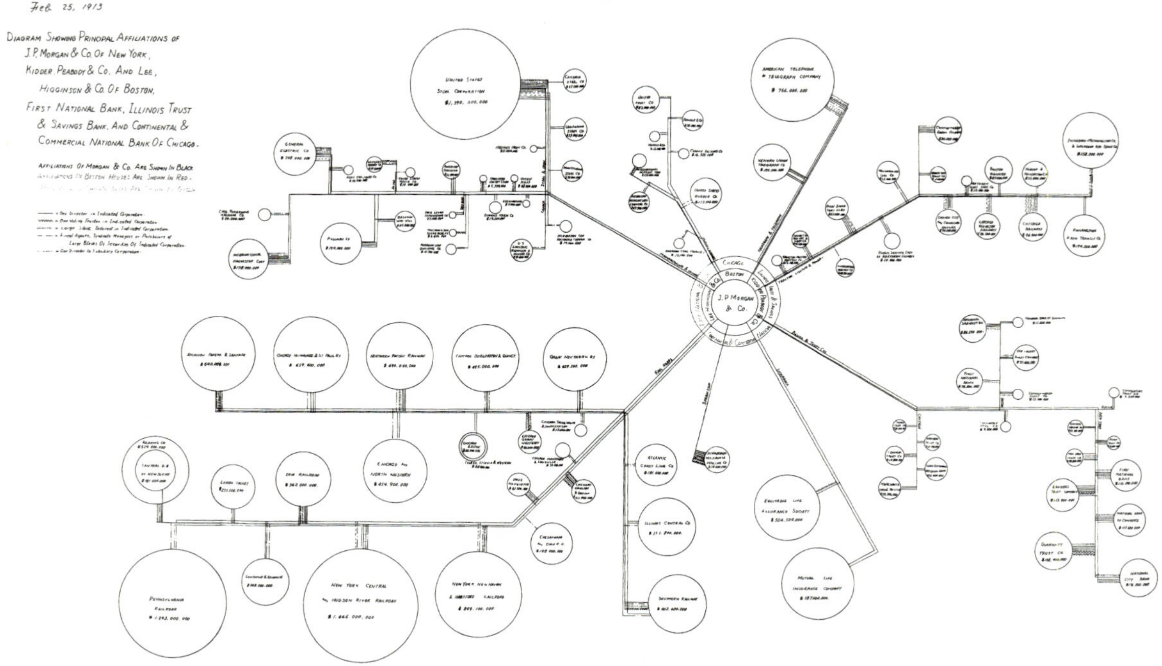

자료: 미국의회가 J. P. Morgan 등 금융트러스트에 관해 조사하기 위해 꾸린 푸조위원회(1912~1913)

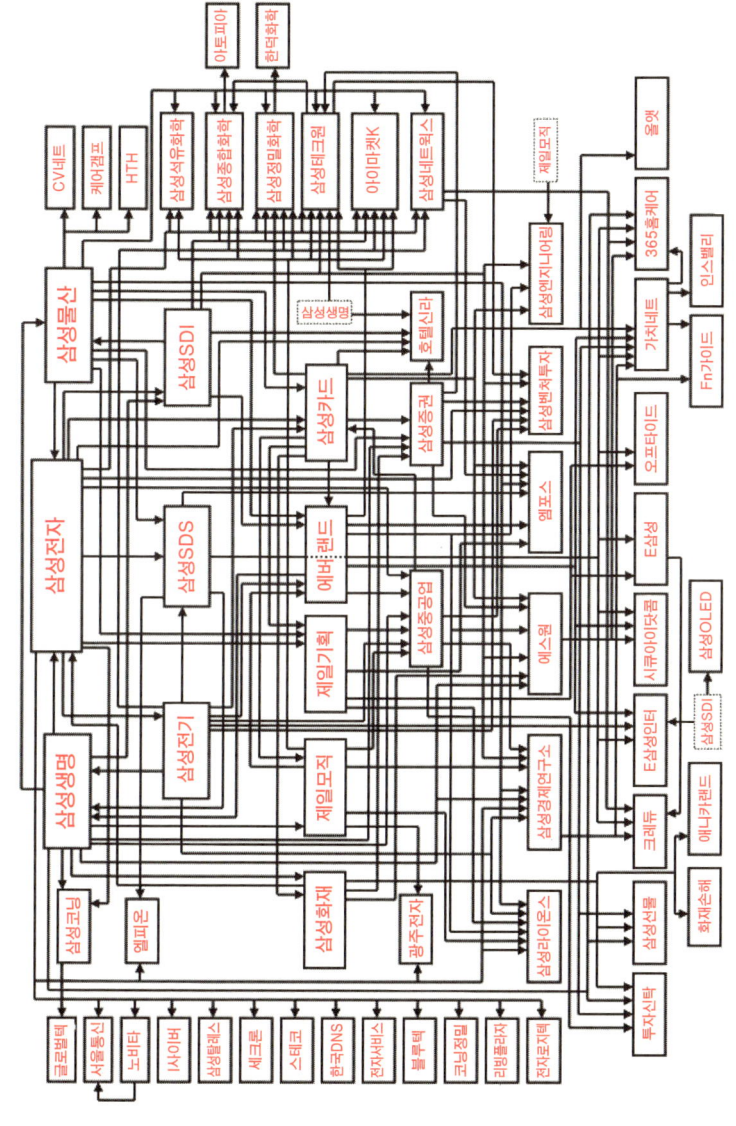

〈도표 23〉 삼성그룹 출자구조

자료: 장하성, 2004

경제민주화의 12대 핵심 정책 **081**

래 복잡한 출자구조를 정리하고 지배구조를 투명화하는 방법으로 외환위기 이후에 정부가 허용해주고 권장하기도 했던 것인데, 이후 지나친 규제 완화로 본래의 목적과 어긋나는 제도가 되고 말았다. 지주회사 전환으로 총수 일가의 의결지분율이 2~3배 상승하고, 수많은 손자회사와 증손회사를 거느림으로써 복잡한 다단계 출자가 유지되고 확대되는 실정이다. 따라서 지주회사 관련 규제를 대폭 강화할 필요가 있다.

재벌기업의 일감 몰아주기 근절

재벌그룹들의 일감 몰아주기는 공정한 경쟁을 해치고 지배주주 일가에게 부당한 이득을 안겨준다. 나아가 "세금 없는 부의 대물림"을 위한 신종 수법으로 활용되고 있다. 총수의 2, 3세가 개인적으로 지분을 보유한 광고, 유통, 물류, 전산관리 등 분야의 비상장 계열사를 설립하고, 그룹 내 주요 계열사의 일감 몰아주기로 비상장 계열사의 수익 증대를 실현한 후에 비상장 계열사는 고액 배당을 실시하며, 이렇게 확보된 현금으로 총수 2, 3세가 주요 계열사 지분을 취득하고 신규 사업에 진출하는 것이다〈도표 24〉.

이러한 일감몰아주기는 앞에 언급한 사업서비스업 분야에서 중소기업들의 기회를 박탈할 뿐만 아니라 중소상인의 사업 영역까지 초토화하고 있다. 재벌기업이 3, 4세대로 내려가면서 후손들을 위한 사업 영역의 다변화가 필요해지자 계열사를 확장해

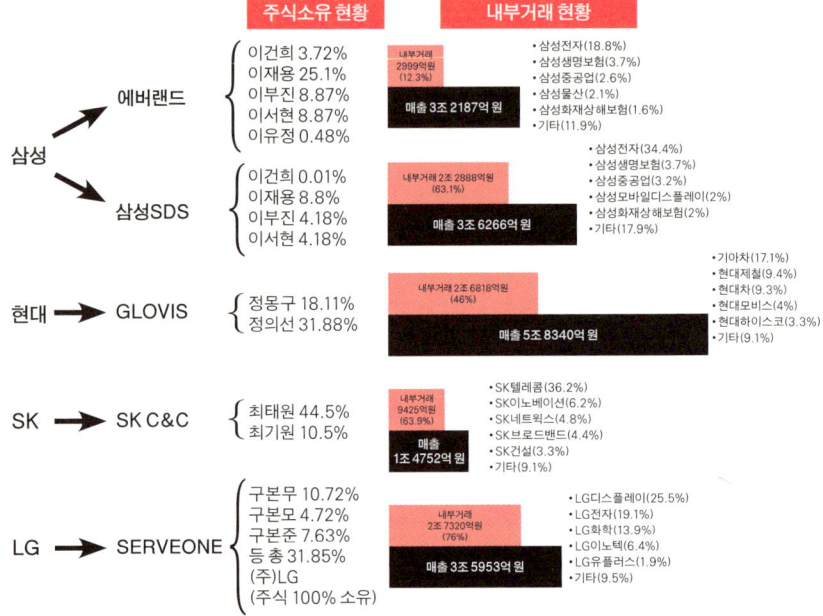

〈도표 24〉 4대 그룹 총수 일가 소유 기업의 내부거래 현황

출처: 금융감독원

 일감을 몰아주는 과정에서 전통적으로 중소상인이 영위해오던 도·소매업, 식자재납품업, 요식업(비빔밥집, 떡집, 빵집 등), 공구업 등 각종 분야로 무분별하게 진출하고 있기 때문이다.
 정부와 여당도 여론을 의식해서 일감 몰아주기 대책을 준비하고 있다. 총수 일가 등 특수관계인 지분이 3% 이상이면서 내부자거래 비율이 30% 이상인 대기업 계열사의 영업이익에 대해 증여세를 부과한다는 내용이다. 그러나 이 정도로는 과세액이 너무 적어 경제개혁연구소의 보고서에 따르면 "29개 기업집단 지배주주 일가 192명이 '회사기회유용'과 지원성 거래에서 얻은 부의 증식 규모가 9조 9,580억 원에 이른다"고 한다. 그런데 정부는 여기에 550억 원 정도의 과세를 추진하고 있으니 그야말로 '새 발의 피'다. 이건 오히려 일감 몰아주기에 면죄부를 주는 꼴이다.

재벌의 일감 몰아주기는 철저하고 포괄적인 대책으로 완전히 근절해야 한다. 상법, 공정거래법, 조세법, 형법까지 총동원해야 한다. 상법에 관해서는 모든 특수관계인 거래에 대해 개별 상세공시 및 설명 의무를 부여하고, 회사기회유용과 특수관계인 거래에 대한 이사회 승인 요건에 덧붙여서 해당 거래가 회사에 손해를 끼치는 것이 아니어야 한다는 요건을 추가하며, 이에 대한 입증책임을 이사 및 주요 주주 등에게 지우는 내용으로 개정해야 한다. 공정거래법과 관련해서는 회사기회유용 및 지원성 거래에 대한 규제를 경쟁제한성에 대한 입증 없이 지원행위 자체만으로 규제할 수 있도록 개정해야 한다. 경쟁제한성의 입증이 매우 어렵기 때문이다. 조세법적 접근으로는 상증세법 개정을 통해 일감 몰아주기의 궁극적 수혜자인 총수 일가에 대해 일괄 과세하도록 하고, 또한 수혜자에게 신고 의무를 부여해 위반 시에는 조세범처벌법에 따라 처벌하는 방안을 마련해야 한다. 마지막으로 형사법적 접근으로는 특정경제범죄가중처벌등에관한법률에 회사기회유용의 처벌 규정을 명시해 처벌 가능성을 높여야 한다.

중소기업 보호

중소기업을 보호하고 육성하는 것은 국민경제의 균형적 발전, 고용증대와 내수확대, 분배의 개선과 양극화 극복을 위해 핵심적인 정책이다. 중소기업의 경쟁력을 강화하기 위한 정책이 중요함은 더 말할 나위도 없고, 이를 위해 지금까지 자금지원 위주로 이루어져온 중소기업 지원 정책을 개혁해 경쟁력 강화 정책을 펴야 한다. 중소기업 공동 연구개발, 공동 마케팅, 공동 정보네트워크 구축, 재래시장 경쟁력 강화를 위한 지원, 신용카드 수수료율 인하, 신용카드 소득공제 차별화, 중소기업 협동조합의 민주성과 활동성 강화 등 해야 할 일이 많다. 하지만 재벌 대기업의 횡포로부터 효과적으로 중소기업을 보호하는 정책이 마련되지 않으면 이런 정책들이 다 무슨 소용이 있겠는가? 중소기업의 사업 영역을 보호하는 것과 하도급 거래의 공정성을 확보하는 것이 급선무다.

중소기업 사업 영역 침투 문제는 제조업도 일부 있지만 유통, 물류, 전산관리 등 주로 사업서비스업에 해당되는 문제이며, SSM으로 상징되는 대기업의 중소상인 사업 영역 침탈 행위도 전방위적으로 나타나고 있다. 정부는 동반성장위원회를 통해서 중소기업 적합업종과 품목을 선정해 대기업이 이를 준수하도록 권고하고 있으나 민간위원회의 권고만으로는 실효성 있는 대책이 되기 어렵다. 정부 눈치를 보는 재벌들이 일시적으로는 협조하는 시늉을 하겠지만 이윤추구를 본질로 하는 기업의 속성상 틈만 나면 영토 확장에 다시 나설 것이다. 따라서 중소기업 적합업종과 품목을 법령으로 규정하거나 적어도 정부 부처인 중소기업청에서 결정해 고시하는 방안이 요구된다.

하도급 거래에 대해 우리나라처럼 많은 규제가 있는 나라도 찾아보기 어렵다. 그럼에도 불구하고 '납품단가 후려치기'나 '납품대금 결제기일 장기화' 또는 '기술 빼앗기' 등 불공정 하도급거래 관행은 우리나라 중소기업이 직면하는 가장 심각한 문제로 남아 있다. 2010년 상생협력법 개정 당시에 조합에 하도급분쟁조정 '신청권'을 부여했지만 실제 조정을 신청하는 수급사업자는 거의 없는 실정이다. 개별 기업이 협상 테이블에 나설 경우 협상력의 현격한 비대칭이 존재하고, 피해 기업은 거래 단절의 우려로 인해 아무리 당해도 속앓이만 할 뿐 문제 제기를 공개적으로 하지 않는 것이다. 따라서 중소기업 관련 협동조합 및 수급기업협의회 등이 피해 기업을 대신해 협상할 수 있는 하도급분쟁조정 '협의권'을 부여해야 한다.

비정규직 문제의 해결

　최근 친박계 중진인 홍사덕 한나라당 의원은 비정규직 문제에 관해 "이렇게 염치없는 제도, 부끄러움을 모르는 사회 현상에 대해 집권당이 방치하고 조장하는 이상 정권 심판론이 먹혀들 수밖에 없다"고 주장했다. 비정규직 일자리가 꾸준히 증가하고 있으며, 정규직과 비정규직 간의 임금 격차가 갈수록 증가하고 있다.◆ 그리고 국민연금 등 사회보험 가입이나 퇴직금 등 기업복지 면에서도 비정규직은 수혜비율이 정규직의 3분의 1 이하 수준에 그치고 있다. 이렇게 우리 국민을 싸구려 노동자로 만들고 차별하는 것은 사회정의에 반하는 일일 뿐만 아니라 장기적으로 보면

◆ 한국노동사회연구소의 자료에 따르면 2010년 8월 기준 비정규직의 정규직 대비 월평균 임금은 47%, 시간당 임금은 48%에 불과했고, 정규직과 비정규직의 평균근속년수는 각각 8.08년과 1.88년이었다.

〈도표 25〉 고용형태별 사회보험 가입률 및 근로조건

(단위: %)

구분	정규직	비정규직
국민연금	98.0	32.4
건강보험	98.8	35.8
고용보험	83.0	34.5
퇴직금	99.5	27.2
상여금	98.1	31.8
시간외수당	73.1	16.3
유급휴가	93.7	24.3
주5일제	68.0	30.1

자료: '2010 고용형태별 근로실태 조사보고서', 고용노동부, 2011년 6월 발행

국가경쟁력 강화에도 결코 도움이 되지 않는다.

비정규직 문제 해결을 위해서는 기업들이 비정규직을 사용할 과도한 유인을 바꿔줘야 한다. 기업 입장에서 비정규직을 사용하면 고용유연성도 확보하고 동시에 인건비도 줄일 수 있기 때문에 과도하게 비정규직을 선호하게 된다. 따라서 비정규직은 정규직보다 임금을 더 주도록 해야 한다. '동일가치노동 동일임금' 원칙을 입법화하고 아울러 비정규직에게는 고용안정수당을 추가로 지급하도록 하자는 것이다. 이론적으로 봐도 비정규직의 경우 해고에 따른 리스크가 없고 사내 복지 등의 추가 비용이 들지 않기

때문에 시간당 임금을 높이 책정하는 것이 옳다. 덴마크 등 북유럽 국가와 호주, 뉴질랜드, 캐나다 등 영어권 국가들 대부분에서 정규직에 비해 비정규직의 급여가 많은 것도 그런 까닭이다. 홍사덕 의원은 "비정규직 노동자 임금이 같은 일을 하는 정규직의 75~80% 수준이 될 때까지 정규직 임금을 동결하는 등의 결단과 대타협을 유도해야 한다"고 주장했는데, 정규직 임금동결도 우스꽝스러운 얘기고 75~80% 얘기도 말이 안 된다. 이건 결코 공정한 것이 아니다. 동일가치노동 동일임금은 기본이고 추가적인 고용안정수당으로 같은 일을 하는 비정규직의 임금이 정규직 임금의 110% 정도가 되어야 한다.

아울러서 정규직 고용을 확대하는 정책도 필요하다. 비정규직을 정규직으로 전환하는 경우에 지원금을 지급하고, 공공부문이 앞장서서 정규직 전환을 추진해야 한다. 간접고용을 줄여나가기 위한 정책들도 필요하다. 상시적·지속적인 업무의 경우 정규직으로 전환하도록 사용사유를 제한하고, 파견기간 초과 및 불법파견 시 고용의무를 즉시 고용의제로 개정해야 한다.

정리해고제도의 개혁

　외환위기를 겪으면서 기업의 경쟁력 제고를 위해 노동유연성이 반드시 필요하다는 신자유주의적인 경제운용사조가 팽배했다. 이로써 법률적 변화가 없었는데도 불구하고 대법원이 "긴박한 경영상의 필요성"이라는 해고요건을 경영자의 경영적 판단을 존중하는 것으로 해석함으로써 광범위한 정리해고를 합법으로 인정하게 되었다. 대기업들은 정리해고 등으로 인원을 줄인 뒤 경영을 정상화해 고용을 늘린 것이 아니라 주주배당을 확대하거나 내부유보만 쌓아 "고용 없는 성장"을 조장해왔다. 그 결과 비정규직이 양산되고 OECD 국가 평균 2배가 넘는 자영업 과잉을 낳았다. 자영업 과잉은 수많은 영세 자영업자의 파산과 빈곤층 전락을 낳았다.

　해고규제 완화가 고용창출로 이어진다는 근거도 없거니와 우리

한진중공업 타워 크레인에서 309일 만에 농성을 풀고 내려오는 김진숙 지도위원(《시사IN》 포토)

나라에서 해고는 빈곤층으로의 전락을 의미하는 경우가 많다. 그래서 "해고는 살인이다"라는 끔찍한 구호가 나온 것이다. 2009년 쌍용자동차 정리해고와 이어진 파업사태 이후 17명에 달하는 해고노동자의 죽음이 이어지고 있는 것이 이러한 현실을 증언하고 있다. 한진중공업 정리해고에 항의해 35미터 고공 크레인 위에서 309일간 농성을 한 김진숙 씨의 위대한 투쟁이 커다란 사회적 반향을 불러일으키고 '희망버스' 시민들의 연대투쟁으로 이어진 것은 이제 정리해고 제도를 개혁해야 한다는 사회적 요구를 반영한 것이다.

대다수 선진국에서는, 해고회피 노력을 다했음에도 불구하고 다른 방법이 없을 때 최후의 수단으로 정리해고가 시행되어야 하며, 해고의 범위도 최소한도 내에서 이루어져야 한다는 원칙을 두고 있다. 우리의 경우에도 이러한 방향으로 근로기준법 개정이 이루어져야 한다. 정리해고의 실체적 요건과 절차적 요건을 명확하게 규정하고, 대량해고에 관한 행정적 통제조항을 신설하며, 피해고자에 대한 생계안정, 재취업, 직업훈련 등 구제조치의 구체적 방안을 명문화해야 한다.

노동조합 조직률과
단체협약 적용률 높이기

　한국의 노동조합 조직률과 단체협약 적용률은 전 세계적으로 매우 낮은 수준이다. 조사에 따라 조금씩 편차가 있으나 최근 고용노동부가 발표한 '2010년 노동조합조직현황'에 따르면 1989년 19.8%였던 노조조직률은 꾸준히 감소해 2010년에는 드디어 한 자릿수로 내려가 9.8%를 기록했다고 한다. 단체협약 적용률도 유사한 수준이다. 기업규모별 조직률 격차가 매우 커서 전체 노동자의 75.4%를 차지하는 종업원 100인 미만 중소기업 노동자의 경우 조직률이 불과 1.5%이고, 이는 300인 이상 대기업의 조직률이 42.4%인 것과 매우 대조적이다. 고용형태별로도 정규직은 조직률이 16.3%이고 비정규직은 불과 3.1%여서 노사관계의 현저한 불균형을 나타내고 있다.◆

◆ 통계청 경제활동인구조사 부가조사(2010. 3).

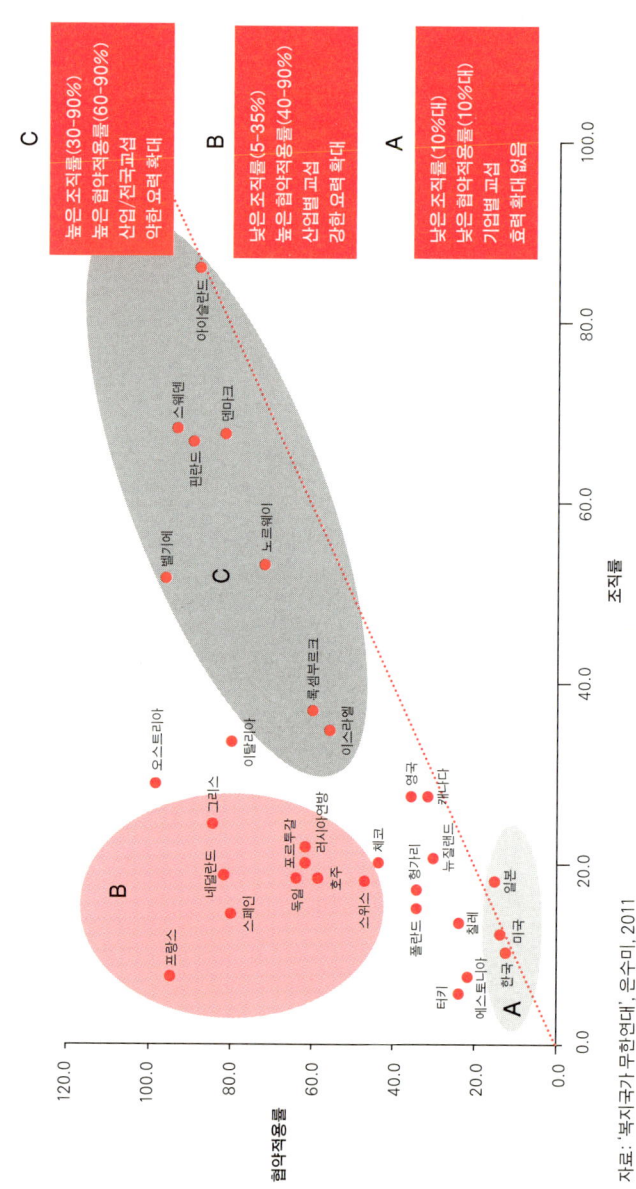

〈도표 26〉 조직률과 협약적용률

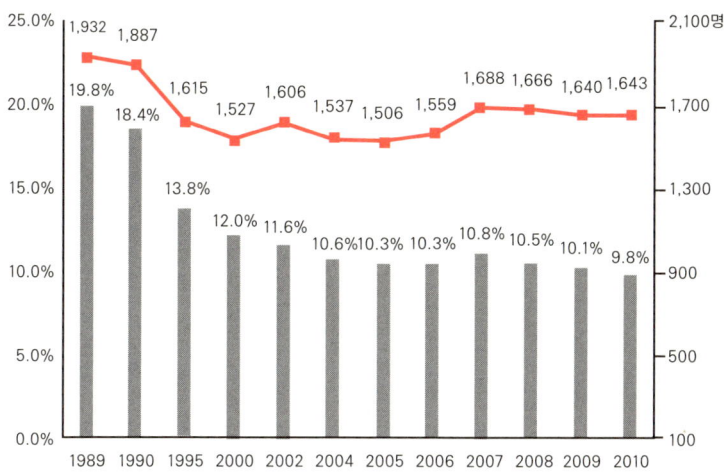

〈도표 27〉 노조조직률 및 조합원 수 추이

자료: '2010년 노동조합 조직 현황', 고용노동부, 2011

　노동3권은 헌법이 보장하는 기본권이고 개화된 자본주의의 상징이다. 그런데 우리나라의 경우에는 90% 이상의 노동자가 노동조합에 가입하지 못하고 있고 따라서 사실상 노동3권을 보장받지 못한다〈도표 27〉. 노동조합은 대기업에 주로 조직되어 있어서 고임금 노동자를 대표하는 경우가 대부분이다. 이러한 현실은 저임금 근로의 확산과 사회적 양극화의 심화를 초래하고 있다. 노동조합이 중소기업과 비정규직을 조직해 그들의 이익을 대변하고 보다 건강하고 사회통합적인 운동이 될 수 있도록 노조조직률과 단체협약 적용률을 확대하기 위한 정책이 시급하다.

이를 위한 정책으로는 우선 노동법 제2조, 제7조, 제19조, 제24조 등 노동조합 가입 및 활동을 제한하는 각종 조항을 없애거나 보완해서 실업자 및 다양한 형태의 근로자와 관련 단체에게 단결권을 보장해야 한다. 또한 단체교섭권 및 협약 효력 확대를 제한하는 법조항을 없애고, 기업별, 산별, 업종별, 지역별 중층적 교섭을 제한하는 법제도를 없애거나 오히려 권장하는 법을 만들어야 한다. 특히 산업별 교섭을 권장함으로써 기업규모별로 극심한 임금 격차를 개선할 필요가 있다. 아울러 단체행동권을 지나치게 제한하는 법조항도 없애야 한다.

금산분리의 강화

　금융산업에 대한 규제를 제대로 하지 않을 때 어떤 문제가 발생하는지 2008년 월가의 금융위기가 잘 보여주었다. 사실 역사적으로 금융규제를 소홀히 하면 늘 크고 작은 금융위기가 발생했다. 금융산업은 정보의 비대칭성이 워낙 크고, 남의 돈을 가지고 하는 장사여서 도덕적 해이의 가능성도 매우 높기 때문이다. 금융규제 중에서도 가장 기본적인 것이 금융자본과 산업자본의 분리다. 금융자본은 산업자본이 자금을 잘 사용하는지 감시하고 견제해야 하는데 이 둘이 한 몸으로 섞이면 이런 기능이 마비되어 심각한 금융위기를 초래할 가능성이 매우 크다. 예금자와 투자자의 돈을 모은 금융기관이 산업자본의 사금고가 될 수도 있다는 얘기다. 소위 '먹튀논란'에 휩싸인 론스타의 외환은행 인수가 정당했는지를 따지는 데 론스타가 과연 금융자본이냐 산업자본이냐를 판명하는 것이 핵심 사안이 되는 것은 바로 금산분리 규제 때문이다.

우리나라의 금산분리 제도는 크게 3가지가 있다. 산업자본(비금융주력자)의 은행(또는 은행지주회사) 소유 규제, 공정거래법상 지주회사의 행위제한 규정, 그리고 금산법 24조에 의한 동일계열 금융기관의 산업자본 지배 금지 등이다. MB 정부는 금융선진화라는 미명 아래 금융규제 완화를 추진해 위 3가지 규제가 모두 심각하게 훼손되었다. 은행법 및 금융지주회사법의 개정으로 산업자본의 은행 보유한도를 확대했고, 비은행 금융지주회사에 대해 비금융 자회사 및 손자회사 편입을 허용했다. 공정거래법 개정안을 통해 행위제한 규정을 훼손했으며, 금산법 제24조에 각종 예외조항을 신설해 이를 사실상 무력화했다. 이처럼 MB 정부 들어 대폭 완화된 금산분리 규제를 시급히 전면 원상회복해야 한다.

그런데 MB 정부 이전의 금산분리 규제에도 커다란 구멍이 나 있었다. 보험, 증권 등 비은행 금융기관에 대해서는 소유규제가 전혀 없어서 재벌 소유 회사들이 업계를 지배하고 있는 현실이다. 더군다나 적은 소유지분으로 기업집단을 지배하는 총수 중심의 경영체제를 가진 재벌 그룹의 특성상 계열 금융회사를 총수의 사적 이익을 편취하기 위한 수단으로 이용하려는 강력한 유인이 존재한다. 삼성증권이 수천 개의 차명계좌를 운영하면서 비자금 조성을 도왔던 사례가 바로 그러한 예다. 그리고 금융계열사가 고객 자산을 활용해 총수 개인의 지배력 확장 및 강화를 도모할 가능성도 상존한다. 따라서 금융회사가 대기업집단의 계열 확장, 총수의 지배권 강화 등 경제력 집중의 수단으로 또는 계열사 간 부당지원의 수단으로 이용되는 경우 법원의 판단을 구해 해당 금융계열사를 기업집단으로부터 아예 분리해야 한다. 이것이 계열분리청구제도다.

금융감독 개혁

우리나라 금융감독이 얼마나 허술하고 심지어 부패의 사슬에 연루되어 있는지는 저축은행 사태에서 여실히 드러났다. 지금 검찰이 수사 중인 주요 금융사건만 열 개나 된다〈도표 28〉. 그러나 우리나라 금융감독의 문제는 감독기관의 도덕적 해이에 국한된 문제가 아니다. 무엇보다 경기부양에 급급해서 금융부실을 적기에 시정하지 않고 편법으로 부실을 덮고 넘어가려고 한 MB 정부의 정책에 가장 큰 책임이 있다. 그리고 MB 정부의 정부조직개편에서 금융위원회가 정책기능과 감독기능을 동시에 수행하도록 함으로써 감독실무를 맡고 있는 금융감독원이 독립적이고 엄정한 감독을 하기 어렵게 만들어놓은 것도 구조적인 문제였다. 금융위원회에 대한 예금보험공사의 견제가 미흡한 것도 저축은행 부실 규모가 확대된 원인이다.

〈도표 28〉 검찰이 진행 중인 금융 사건 수사

부서		수사내용	단계
대검찰청 중수부		부산저축은행그룹 불법대출	관련 혐의자 소환 추진
서울중앙지검	금융조세조사1부	삼화저축은행 불법대출	명예회장 구속(4월 1일)
		도이치은행 외 '11·11'옵션쇼크 시세조종	관련 혐의자 소환 추진
		은행 외 중소기업에 대한 키코 사기계약	수사 마무리 단계
	금융조세조사2부	증권사-스캘퍼 ELW 부정거래	스캘퍼 소환 추진
		국내외 증권사와 ELS 시세조종	수사 마무리 단계
		마니커 회장 횡령	회장 수환 추진
	금융조세조사3부	오리온그룹 회장 횡령, 탈세	회장 수환 추진
		창투사 SW 부정거래	창투사 압수수색(3월 29일)
서울남부지검		금융감독원 전 직원 재직중 뇌물	혐의자 구속(3월 23일)

금융감독의 개혁에는 분명한 원칙이 있어야 한다. 먼저 견제와 균형의 원칙이다. 권한이 집중되면 견제와 균형이 무너지기 때문에 적절한 권한의 분산이 필요하다. 개별 금융기관의 위기와 체제적 위기를 구별하고, 유동성 위기와 지급불능 위기를 구별해 각각에 대한 책임을 서로 다른 기관에 부여해야 한다. 마찬가지로 건전성 감독과 금융소비자 보호를 분리하고, 금융정책과 금융감독을 분리하는 것도 견제와 균형을 위해 필요하다. 그리고 각 기관의 임무와 유인구조가 최대한 일치되도록 금융감독 유관조직을 개편해야 한다. 구체적인 방안은 여러 가지가 있을 수 있으나

가장 중요한 것은 금융정책 기능과 금융감독 기능을 분리해야 한다는 것, 그리고 독립적이면서 강력한 금융소비자보호기구를 만들어야 한다는 것이다.

감독기구 내부의 유인체계를 확립하는 것도 중요하다. 감독 부실로 공적자금이 쓰이고 소비자가 피해를 봐도 감독 당국에게 이에 대한 책임을 물을 수 없으면 곤란하다. 따라서 고의 또는 중대한 과실로 금융감독 관련 법률상의 의무를 소홀히 하여 손해가 발생한 경우 피해자는 감독 당국을 상대로 손해배상 소송을 제기할 수 있도록 제도를 마련할 필요가 있다. 예를 들면 부산저축은행 피해자가 이에 해당될 수 있다. 그리고 의무 소홀 여부에 관한 입증 책임을 감독 당국에 지워야 할 것이다.

종업원 대표의 이사 추천권 도입

우리나라에서는 노동자 경영참여라고 하면 대단히 급진적인 제도라는 인식이 퍼져 있다. 노동자 경영참여는 경영권 침해이고 경쟁력을 저해한다는 사용자 측의 강력한 반발 때문이다. 하지만 노동조합의 대표 혹은 종업원 대표가 기업의 이사회에 참석해 공식적으로 기업의 최고의사결정 과정에 참여하는 제도인 종업원 이사제도ERP: Employee Re-presentation on Board는 선진국에 일반화된 제도이다. 유럽 국가들의 경우 법률에 의해 일정 규모 이상의 기업에 대해 강제되는 예가 많다. 1951년 독일에서 처음 시도된 이후 스웨덴, 오스트리아, 노르웨이, 룩셈부르크, 덴마크, 네덜란드 등으로 전파되었다. 통합된 유럽연합EU 차원에서 종업원 이사제를 실시하려는 움직임도 있다. 당사자 자율주의를 지향하는 미국과 영국에서는 노사합의에 의해서 이를 실시하는 경우가 많다.

우리나라에서도 1997년에 제정된 '근로자 참여 및 협력 증진에 관한 법률'에 입각해 노동자의 경영참여를 제도화하고 있으나, 노사협의회를 중심으로 한 이 법은 사실상 유명무실한 상태다. 1999년 노사정위원회에서 '근로자 이사제도' 도입 추진 논의가 있었고, 이후 민주노동당에서 노동이사 선임을 포함한 '노동자 경영참가법' 입법청원안을 제출했으나 한국경영자총협회의 입법청원 저지 로비와 노동조합의 관심 부족으로 입법이 무산되었다.

종업원을 기업의 경영에서 완전히 배재하는 것은 경제민주화의 정신에도 어긋나지만 기능적으로 볼 때도 결코 바람직하지 않다. 첫째, 기업의 의사결정에 종업원들의 입장이 충분히 반영되지 못해 노사관계의 갈등을 야기하는 원인이 된다. 둘째, 대주주로부터 독립적인 이사가 전무한 경우가 대부분이어서 이사회가 대주주의 전횡에 대한 감시와 견제를 하지 못함에 따라 종업원들의 불신을 초래한다. 셋째, 불신과 갈등으로 형성된 적대적인 노사관계는 기업들의 정규직 고용회피를 초래해 고용상황을 악화시키는 요인이 된다.

노동자 경영참여에 극단적 알레르기 반응을 보이는 사용자 쪽 입장이나 이 문제에 관해 그다지 관심이 없는 노동조합의 상황 등 현재의 노사관계 수준을 볼 때 노동자 대표가 이사회에 직접 참여하는 방안은 조금 현실성이 떨어진다. 그 대안으로 노동조합 혹은 노동조합이 없는 경우 종업원 대표가 이사를 추천할 권한을 보장하는 것이 바람직할 것이다. 그리고 적용 대상도 일정 규모 이상 대기업에게만 우선 적용하도록 한다.

법인세와 소득세 최고세율
구간 신설로 부자 증세

우리나라의 재정은 소득재분배 기능이 매우 미약하다.◆ 조세부담률이 낮고 사회복지지출 또한 지극히 낮기 때문이다〈도표 29〉. 게다가 조세정의가 바로서 있지 못하다. 일부 고소득 직종의 소득이 정확하게 파악되지 않는 문제도 있고 바람직하지 않은 비과세 감면의 문제도 있다. 이러한 문제를 해결하는 것은 조세정의를 위해 매우 중요하다. 나아가 수직적 형평성의 문제, 즉 고소득 계

◆ 이에 관한 가장 최근의 연구결과는 〈재정포럼〉 2011년 9월호에 실린 한국조세연구원 성명재 선임연구위원의 「조세·재정지출 분포의 현황과 국제비교」다. 이 연구는 2009년 한국 자료를 가지고 조세(직접세)와 재정지출(현금급여만 대상)에 의한 소득재분배 효과를 계산해 미국·영국·일본·캐나다·뉴질랜드 등 5개 국가와 비교했다. 세전·세후 소득 지니계수의 백분위 변화율로 소득재분배 효과를 측정한 결과, 재분배 효과는 영국이 34.6%로 가장 높았고, 이어 캐나다(26.0%), 일본(25.3%), 뉴질랜드(18.6%), 미국(15.2%) 순으로 나타났다. 한국은 8.4%로 가장 낮았다. 복지 선진국인 유럽 국가들의 경우에는 재분배 효과가 이들 국가들에 비해 훨씬 크다.

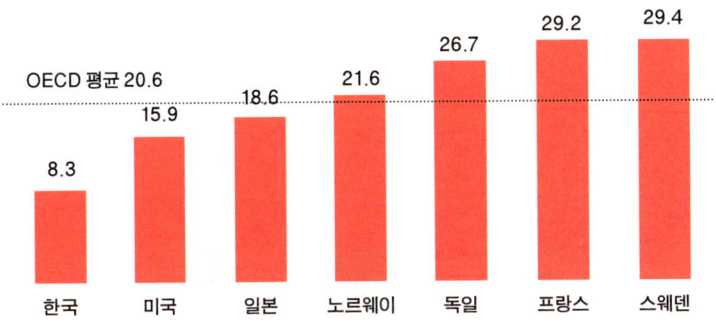

〈도표 29〉 국내총생산(GDP) 대비 공공복지 지출

단위: %

OECD 평균 20.6

한국 8.3 / 미국 15.9 / 일본 18.6 / 노르웨이 21.6 / 독일 26.7 / 프랑스 29.2 / 스웨덴 29.4

자료: '사회 복지 지출의 국제 비교', 한국보건사회연구원, 2010

층이 많이 부담하고 저소득 계층이 적게 부담하는 원칙도 중요하다. 이런 면에서 우리나라는 문제가 있다. 고소득 계층의 세부담이 너무 적다. OECD 국가 평균과 비교해서 저소득층과 평균소득층의 조세부담률은 각각 12.1%와 13.8% 포인트 낮은데, 고소득층은 16.2% 포인트 낮다〈도표 30〉.

특히 MB 정권은 법인세, 소득세, 종합부동산세 등을 낮추어 대기업과 고소득층에게 대규모 감세혜택을 주었다. 이러한 혜택을 받은 대기업과 부자들이 투자를 늘리고 소비를 늘리면 경기가 활성화되어 성장률이 높아지고 일자리가 늘어날 것이라는 주장이었다. 하지만 대기업이 고용을 늘린 것도 아니고, 부유층의 소비지출로 내수가 활성화된 것도 아니다. 오히려 재정적자만 불어났다. 이러한 배경과 더불어 복지수요의 빠른 확대를 감안하면 증

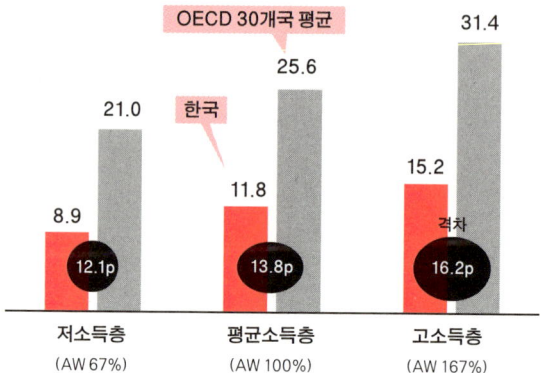

〈도표 30〉 소득수준별 실질 세부담 국제 비교

세, 특히 대기업과 고소득층이 부담하는 증세의 필요성에 사회적 공감대가 형성될 수 있을 것이다. 한나라당 홍준표 전 대표 등 한나라당 의원 일부가 부자 증세를 주장했던 것도 이러한 까닭이다.

최근 워렌 버핏을 위시한 미국 부자들의 증세 운동이 화제다. 누구보다 정부와 사회의 혜택을 많이 받은 자로서 그만큼 국가를 위해 기여해야 마땅하다는 것이다. 부자들의 증세 운동은 사실 독일, 프랑스 등 많은 나라에서 일고 있다. 빌 게이츠 등이 회원으로 있는 '책임적 부Responsible Wealth'라는 조직에서도 부자 증세 운동을 전개하고 있다. 우리나라에는 왜 이런 부자가 없을까? 세금 올려달라는 부자는 없어도 거액을 기부하는 부자들은 있다고 할지도 모르겠다. 사실 MB 정부는 정부 본연의 사명인 재분배에 역행하면서 유난히 나눔과 기부를 강조하고 있다.◆ 그러나 기부가 결코 세금을 대신할 수 없다. 아무리 액수가 커 보여도 몇몇 개인이 기부하는 것으로는 재분배가 되지 않는다. 더구나 부자들이 기부를 통해 세금공제를 받는다면 "그 돈을 어디에 쓸 것인지를 정부가 아닌 극소수의 부자들이 결정하는 결과를 낳는다"는 한 독일 부자의 지적도 귀담아들어야 한다.

부자 증세의 구체적인 방안으로는 법인세와 소득세의 최고세율 구간을 신설하는 것이 가장 유력한 방법이다. 개인소득세는 몰라도 법인세는 올리지 말아야 한다는 주장을 하는 이들도 많은데, 법인세 증세가 세수증대 효과가 훨씬 크다는 점과 최근 법인소득이 개인소득보다 훨씬 많이 증가했다는 점 등을 고려하면 법인세 증세도 반드시 해야 할 것이다. 국제경쟁력이 문제인데 우리나라 법인세율은 OECD 국가 평균에 비해 낮은 편이고, 더군다나 법인세율이 우리보다 낮은 나라들은 거의 예외 없이 인구 천만 명이 채 안 되는 작은 나라들이다.

◆ 재분배에 역행하면서 나눔과 기부를 고취하는 것은 위선이고 위장이다. 부자 감세로 미국 경제의 극심한 불평등과 재정적자를 초래했으며 거짓 구실로 전쟁을 일으킨 반인도주의 범죄자 부시 전 미국 대통령도 나눔과 기부의 전도사였다.

5장

정치 변화,
어떻게 이룰 것인가?

좌절에서 분노로, 분노에서 참여로

　우리는 대한민국의 현실에 좌절한다. 삼포세대라고 자조하고, OECD 국가 중 최고의 자살률로 표현되는 극단적 절망에 빠져 있다. 입시경쟁에서 스펙경쟁으로 이어지는 끝없는 경쟁에 지치고 힘들다. 해고가 살인이 되는 사회, 비정규직이 반이 넘는 노동 현실에 절망한다. 거꾸로 가는 역사, 나쁜 성장에 좌절한다.

　그러나 좌절은 변화의 동력이 되지 못한다. 우리는 분노해야 한다. 우리는 이성과 감정의 주체로서 분노할 권리가 있고 분노를 표현할 권리도 있다. 그리고 이 분노를 참여의 동력으로 삼아야 한다. SNS로 소통하고 의사를 표현하는 것부터 각종 집회에 함께 하는 일까지, 우리는 참여해야 한다. 공공의 이슈에 관심을 가지고 공부하는 것부터 선거에 적극 임하는 일까지, 우리는 참여해야 한다. 주위 사람들과 문제의식을 공유하는 일부터 변화를 만

들어가는 시민단체 활동에 참가하는 일까지, 우리는 참여해야 한다.

　이제 우리 국민들 사이에 참여의 기운이 서서히 일고 있다. 2008년 미국산 쇠고기 수입 사태 당시에 타올랐던 촛불은 꺼지지 않았다. 참여만이 변화를 가져올 수 있다는 것을 아무도 잊지 않고 있다. SNS를 이용한 활발한 의견 교환이 있고, 투표 인증샷을 날려가며 선거를 통한 변화를 추구하기도 한다. 추운 겨울날 물대포를 맞으면서도 '한미 FTA 반대'를 외치며 촛불집회를 연다. 내년에는 총선과 대선이 치러져 참여의 기운이 그 어느 때보다 높다. 대한민국은 민주공화국이고 모든 권력은 국민에게서 나온다. 국민이 이제 권력을 잡아야 하고, 그러기 위해서 보다 적극적으로 참여해야 한다.

그리고 마침내 창조로!

좌절에서 분노로, 분노에서 참여로, 여기까지 잘 왔다. 그러나 참여해서 권력 교체에 성공하고 나면 무엇을 할 것인가? 반대는 쉽다. 창조는 어렵다. 권력을 잡기 전에는 반대만 해도 되지만, 권력을 잡은 뒤에는 창조를 해야 한다. 광우병 쇠고기도 반대하고, 4대강 삽질도 반대하고, 부당한 정리해고도 반대하고, 한미 FTA라는 불평등 조약도 반대하고, 이 모든 일들의 배후세력 MB 정권도 반대하고. 물론 반대해야 한다. 싸워야 한다. 그러나 반대만으로는 창조의 기틀을 다질 수가 없다. 그래서 '반MB연대'도 아니고 '반한나라당 결집'도 아니다. 반공주의나 반미주의처럼 뭐에 반대하는 것으로 가치와 정책을 규정하는 것은 잘못이다. 나쁜 것에 반대하는 것만으로 좋은 것을 만들 수는 없다. 민주진보개혁 정권을 만들어놓고 실패하면 그건 역사에 큰 죄를 짓는 것이다.

자, 우리는 무엇을 위해서 권력을 잡아야 하는가? 권력을 잡으면 무엇을 할 것인가? 대안을 마련하고 이를 성공시킬 수 있도록 잘 준비해야 한다. 우리의 대안은 경제민주화다. 이명박 대통령을 비롯해서 많은 이들이 우리나라 근대화의 역사를 산업화에서 민주화를 거쳐 선진화로 가는 역사라고 주장한다. 그런데 선진화라는 건 전혀 역사적인 개념이 아니고 내용도 모호하다. 선진화가 아니라 경제민주화가 현단계 우리 역사의 과제다.

1961년 박정희의 쿠데타로 성립된 개발독재 체제는 1987년 6월 항쟁으로 민주화를 이룰 때까지 사반세기 동안 산업화를 추진했다. 이후 성립된 '87년체제'는 정치민주화에서 큰 진전을 이루었으나 경제민주화는 실패했다. '87년체제'도 이제 사반세기가 흘렀다. 내년에 정권을 교체하여 출범시킬 '13년체제'는 경제민주화 체제가 되어야 한다. 앞으로 사반세기는 경제민주화를 중점적으로 추진해야 할 것이다. 물론 지식경제 심화에 의한 산업의 고도화나 상처받은 민주주의를 더욱 발전시키는 일도 중요하고, 평화통일도 필수적인 과제다. 그러나 새 시대의 화두는 경제민주화다.

그런데 지금 경제민주화의 심각한 장애물이 될 한미 FTA의 발효를 눈앞에 두고 있다. 바꿔야 한다. 한미 FTA든, 정권이든, 재벌이든, 무엇이든 경제민주화를 가로막는 것은 바꿔야 한다.

경제민주화 동맹

　김대중 정부와 노무현 정부는 민주주의와 인권, 평화와 복지를 위해 많은 노력을 기울였고 상당한 성과도 있었다. 하지만 경제민주화에 실패했고, 그래서 '좋은 성장'을 이루지 못했으며, 결국 국민에게 버림받았다. 새로이 탄생할 민주진보개혁 정부의 성공을 위해서는 과거에 무엇을 잘못해서 경제민주화에 실패했는지 되돌아보는 것이 중요하다.

　핵심적인 문제는 노동의 배제 혹은 이탈이었다. 노사정위원회의 가동에도 불구하고 개혁 초기부터 노동참여는 점차 배제되어 갔다. 정리해고를 요구하는 IMF와 미국, 이에 편승해 인력감축 위주의 구조조정을 추진한 재벌기업들, 그리고 이들과 친화적인 경제관료들의 힘은 강했고, 노동자와 시민사회 세력은 힘이 미약했다. 게다가 민주개혁진영은 정치적으로 분열되었다. 시장개혁을

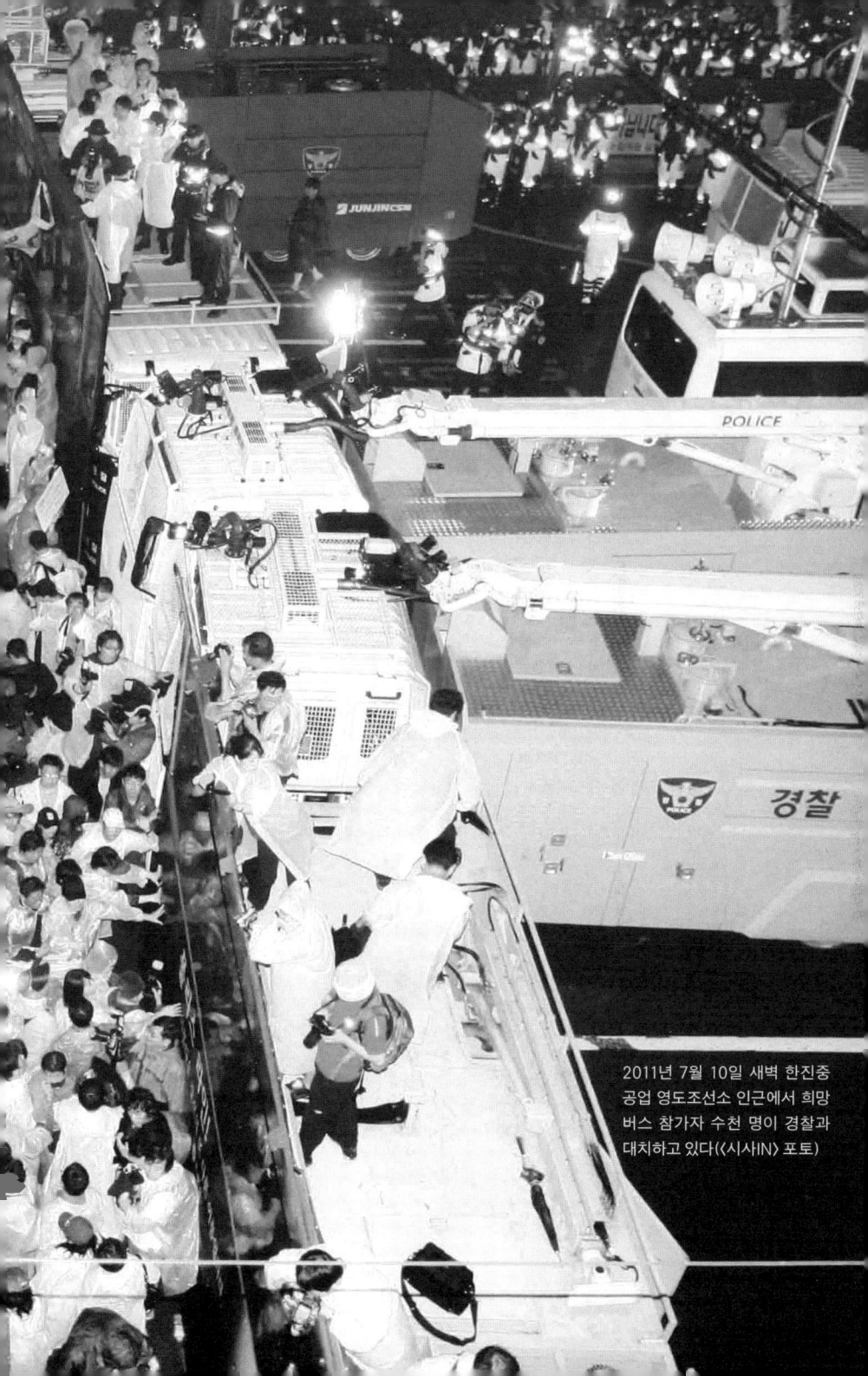

2011년 7월 10일 새벽 한진중공업 영도조선소 인근에서 희망버스 참가자 수천 명이 경찰과 대치하고 있다.〈시사IN〉 포토

강조하며 신자유주의를 상당 부분 수용한 시장개혁론자들과 노동조합을 중심으로 구조조정에 저항하는 세력 사이의 갈등은 점차 적대적 모순으로 발전했다. 이러한 갈등의 정점에 한미 FTA가 있었다. 시장개혁론자들은 '개방을 통한 개혁'이라는 명분으로 한미 FTA를 추진했지만, 진보개혁론자들에게는 이는 수출대기업의 이익을 위해 노동자와 농민의 이익을 희생하는 처사이며 신자유주의에 대한 투항이었다.

경제민주화를 성공시키기 위해서는 재벌을 중심으로 하는 특권적 성장 동맹에 대항하는 강력한 경제민주화 동맹을 구축해야 한다. 노동자와 농민, 자영업자와 중소기업인, 그리고 시민사회의 연대와 협력을 조직해내야 한다. 이들 사이에 이해관계의 균열을 최소화하고 공동의 이익을 극대화하는 전략을 세워야 한다. 특히 시장개혁세력과 진보개혁세력 사이의 깊은 골을 메우는 것이 중요하다. 경제민주화는 이 둘을 하나로 묶는다. 공정경쟁, 참여경제, 분배정의 그리고 이를 토대로 한 좋은 성장의 비전. 여기에는 모두가 동의하고 협력할 수 있을 것이다. 야권의 연대와 통합은 다름 아닌 경제민주화 동맹이 되어야 한다.

경제민주화 동맹이란 단지 정치권의 얘기가 아니다. 나라의 주인인 우리가 나서서 경제민주화 동맹을 구축해야 한다. 그 단초는 '희망버스'다. 김진숙을 크레인 위에서 버티게 한 힘도, 결국 내려올 수 있게 한 힘도 '희망버스'에서 나왔다. 모든 억울하고 힘든

이들의 연대, 모든 선량한 시민들의 연대, 이것이 새로운 사회와 새로운 경제의 희망이다.

희망버스뿐만이 아니다. 재벌독식에 항의하는 중소기업인과 중소상인들의 외침도 있고, 신용카드 수수료 차별에 항의하는 음식점 주인들의 궐기도 있고, 수출 대기업을 위한 한미 FTA 때문에 희생을 강요당하는 농민들의 저항도 있다. 무너지는 중산층, 차별받는 비정규직, 늘어나는 근로빈곤층, 삼포세대라고 자조하는 청년층, 현대판 고려장에 신음하는 노인층, 이들 모두의 한숨소리가 사실은 경제민주화를 염원하는 숨죽인 절규다. 이들이 하나로 뭉치는 것, 그것이 곧 경제민주화 동맹이다. 그것이 곧 희망이다.